「2020」後
新しい
日[illegible]
話をしよう

河合 雅司
Masashi Kawai

日本はこのままいくと消滅する!?

2025年にはもう、3人に1人が65歳以上に！

[日本の総人口の予測]

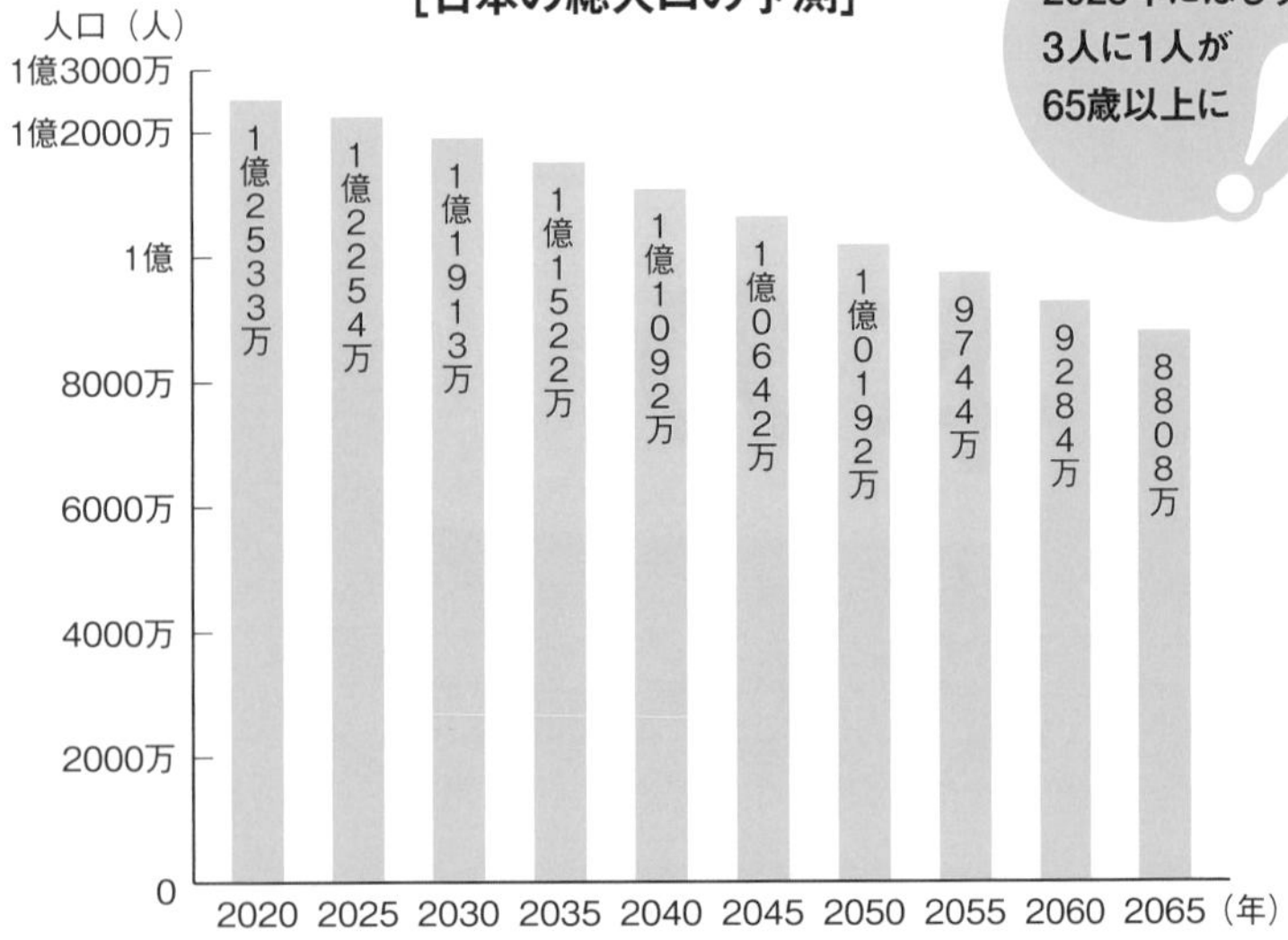

国立社会保障・人口問題研究所「日本の将来推計人口」（2017年）より

日本の「未来」はどうなっていくのでしょうか？　いつも人々の目は将来を見つめています。人生の残り時間が長い若い人ほど、期待とともに不安も大きいことでしょう。

２０２０年代がスタートしましたが、それは新型コロナウイルスの世界的感染拡大という手荒い幕開けとなりました。21世紀はどうなるのでしょうか。20世紀と並ぶ、いやそれ以上の「激動の世紀」となるかもしれません。

感染症というのはいずれ完全終息の時を迎えますが、世界経済の深い傷は簡単には癒えないでしょう。コロナ禍以外に目を転じても、米国と中国の覇権争いは激化していますし、地球温暖化による気候変動は各地に自然災害や干ばつをもたらしています。

これらも重要な課題ですが、**日本列島で生きるわれわれが最も関心を向けるべきは、日本社会を根底から揺るがす人口減少問題です。**コロナ禍で大きなダメージを受けた日本社会にも容赦なく襲い掛かります。

「コロナ後」の社会の復興も、人口減少の影響を十分踏まえなければ失敗するでしょう。

しかも、コロナ禍を含めた多くの課題は対策を講じさえすればいつかは解決しますが、人口減少は結婚や出産といった人々の価値観に根差す構造上の問題であるため、政策では克服し得ません。

日本の人口減少が本格化し始めた「元年」というべき年は2011年でした。以来、人口の減り幅はだんだんと拡大しており、国立社会保障・人口問題研究所（以下・社人研）によれば2040年代には毎年90万人ほど減り続ける激減期に入ってきます。未来の日本史学者は人口減少に転じた21世紀を、「日本史の大転換点」と位置づけることでしょう。

われわれは、**過去の日本人が経験をしたことのない急速な社会の縮小を目の当たりにすることとなります。**温故知新という故事成語がありますが、これからのお手本は存在しません。過去の常識は通用せず、成功モデルが役に立たない時代が到来したと認識する必要があります。

単に人数が減るだけではありません。短期間のうちに年齢構成が極めていびつになります。すでに人手不足が深刻化していますが、働き手世代の不足は行政サービスまで滞らせるかもしれません。

同時に高齢者はまだまだ増えます。しかもひとり暮らしが増大していきます。民家が点在する地方などでは〝買い物難民〟や〝通院難民〟が社会問題になることでしょう。

目の前のコロナ禍だけでも頭が痛いのに、自分たちで道を切り拓いていかなければならないとなったのでは、気が滅入ります。かねてより、**若者たちから「これからの日本には楽しいことなど待っていない」「バブル時代が日本のピークだった。われわれは運が悪い世代だ」といった言葉を聞いていました。**

でも、本当に若い世代は「運が悪い」のでしょうか。そう決まったわけではありません。確かに、先人たちの経験を参考にできない分、大変なエネルギーを要します。しかし、個々人のこととしてとらえるならば、真っ白なキャンバスに自由に絵を描けるわけです。秩序や常識によって社会がガチガチに固まっていた時代の若者たちよりも可能性を拡大できるかもしれません。

コロナ禍でさえ、対応の仕方次第で人口減少に適した社会への作り替えの好機となります。**どんな環境でも、発想の切り替えと才覚次第でチャンスに転じ得るのです。これまでも、社会の変化をチャンスと捉えて起業したり、新しい取り組みを始めた人々は少なくありません。**

最も上手くないのは、この問題に無関心でいることです。変化を傍観していても、嵐が通り過ぎるわけではありません。

そろそろビジネスシーンにおいて、あるいは地域や家族のあり方に至るまで、1人の例外もなく影響が目に見えて増えてくる頃です。われわれは立ち止まることすら許されておりません。日本で暮らしていく以上、すべての人がこの問題から逃げ出すことはできないのです。

いずれ否が応でも向き合わざるを得ないのであれば、切羽詰まってから動くより、まだ変化が小さいうちに備え始めるのが賢明です。早く準備に取り掛かればそれだけ選択肢も多く、成功確率は高まります。

では何をすればよいのでしょうか。まず取り組むべきは、人口減少の実態をよく知ることです。先にも述べましたが、「コロナ後」の社会にも人口減少は影を落とします。日本社会がどう変わろうとしているのかを正しく理解することなく、対応はできないのです。

正しく理解できたならば、次のステップとなります。既存の価値観を脱ぎ捨てることです。

過去の成功モデルにしがみつこうとしても意味がないのですから、これまで「当たり前」と思ってきたことを一度否定してみて、その上で残すべきものと、捨て去ってしまうものとに峻別《しゅんべつ》するのです。こうすることで「人口減少」に対する見方は随分変わります。固定観念にとらわれぬ柔軟な発想がいまほど求められている時代はないのです。

とはいえ、何から手を付けたらよいか分からないという人も多いことでしょう。「少子高齢社会」や「人口減少」という言葉は知っていても、具体的にイメージできている人はまだまだ少数派です。

そこで本書が、人口減少社会の案内役を担おうと思います。われわれの暮らしに、仕事に、地域に、家庭の中に、一体これから何が起ころうとしているのでしょうか。それを解き明かしていきます。ただ、ガイドは分かりやすさが命ですので、私の〝アシスタント〟としてバーチャルキャラクターの「ミライ君」に登場願うこととしました。ミライ君の素朴な疑問に私が答えるというスタイルで話を進めていこうと思います。

まずはミライ君のことを簡単に紹介しておきます。彼は1991年生まれで、現在29歳。終身雇用、年功序列が今なお残る老舗企業に勤める入社7年目の独身男子です。最近、仕事に慣れてきたこともあり、自身の将来について真剣に考え始めたところです。好青年で、私もすっかり気に入りました。

ミライ君のストレートな問いかけには人口減少問題の本質を突いたものが多く、若い皆さんが日頃感じている〝モヤモヤした疑問〟の解消にきっと役立つと思います。人口減少問題の「不都合な真実」は耳が痛いことも多いでしょうが、理解が進むにつれて目からウロコの新たな発見や、あるいは発想の転換に役立つヒントと出会うことになるかもしれません。

本書を読むことで、人口減少社会に対する漠然とした不安が「より具体的な課題」に変わったならば、その課題にどう立ち向かうのか個々の目標も明確になることでしょう。後は、勇気をもって一歩踏み出せばよいのです。

本書が、「コロナ後」の大激変の時代を旅する多くの若者にとって、足元を照らす一筋の明かりにならんことを切に願っております。

明日の日本はどうなる？

ミライ君の「未来年表」

日本は今後どんな道を歩むのか……？　データをもとに大予想！

2020

女性の過半数が50歳以上となる

社人研の女性人口の将来推計によれば、50歳以上が3248万9000人となり、49歳以下を上回る！　この後、50歳以上の女性はどんどん増加していく。

お正月に親戚で集まらなくなったなあ。そもそも20代の親戚って、僕の妹と従妹しかいないし

2021

介護離職が増え始める

毎年10万人ほどが介護離職しているが、人口の多い団塊ジュニア世代が50代になり始め、団塊世代の介護のために離職者が急速に増えることが懸念される。

取引先の課長さんが「親の介護のために長期休暇をとる」って。その間、お金はどうするんだろう

2025　2024　2023　2022

高齢者のひとり暮らしが本格化

団塊世代の先頭である１９４７年生まれが75歳となる。夫が亡くなり、家族の誰とも同居しないひとり暮らしの女性が増え始めることが予想される。

うちの近所でも1人で歩くおばあちゃんを見かけるけど、高齢者のひとり暮らしって大丈夫なのかな

企業の人件費がピークを迎える

人数の多い団塊ジュニア世代の多くが、一般的に賃金のピークとされる50代前半となる年。結果、企業全体としての人件費が大きく膨らみ、経営を圧迫する。

友人が勤める銀行、40代以上を対象に早期希望退職の募集をするらしい。大手の企業も大変な時代になった

6人に1人が75歳以上。「超・高齢者大国」に

この年には団塊世代のすべてが75歳以上となり、国民の６人に１人が75歳以上となる。「老老介護」や親の介護と子育てなどが重なる「ダブルケア」も増加。

会社の先輩、まだ子どもが1歳なのに親が倒れたって。子育てと介護の両方って、絶対無理でしょ！

65歳以上の5人に1人が認知症となる

内閣府の高齢社会白書（２０１７年）によれば、この年の65歳以上の認知症患者は７３０万人（5人に１人）。２０６０年には１１５４万人と3人に１人に。

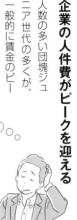

女性って長生きだよなあ。うちも祖父はふたりとももういないのに、おばあちゃんはどっちも超元気

トラックドライバー不足で荷物が届かなくなる

公益社団法人鉄道貨物協会の報告書によると、慢性化しているトラックドライバー不足は悪化を続け2028年度には27万8000人を超すに至る。

ネットで買ったモノが届かない！　自分で買いに行かずに済むからとネットを使ってる意味がないよ、これじゃ……

「未婚大国・日本」が誕生

内閣府の少子化社会対策白書（2018年版)によれば、男性の3人に1人、女性の5人に1人が50歳時点で未婚となる。

給料は上がらないし、育児にもやさしくない社会だよな日本って……なんてグチってたら、僕のまわりは独身だらけだ

2035　2033　2030　2028

地方から百貨店や銀行が消える

内閣府の資料によれば、この年には38道府県で、域内の供給力では需要を賄い切れなくなる生産力不足に陥る。暮らしに不可欠なサービスも維持できなくなる。

高齢になってから、ネット銀行だのキャッシュレス決済だの、新しいことを覚えるのって大変だよなあ

4軒に1軒が空き家となる

野村総合研究所の試算（2019年度版）によれば、空き家数は1955万戸、空き家率は27・3％にまで上昇する。ゴーストタウン化するところも出てくる。

一戸建て、タワマンのマイホームが憧れだった時代もあったのに。家は買わず、ずっと賃貸のままでいいのか……

深刻な火葬場不足。死亡数がピークを迎える

社人研の推計によれば、年間死亡数が167万9000人でピークを迎え、地域によっては斎場や火葬場不足となる。

高齢社会が続いたってことは、その高齢者たちが亡くなるときがくる。そりゃ“多死社会”になるよね

高齢者人口が約4000万人でピークに

社人研の推計では、高齢者数はこの年に3935万2000人で頂点に達する。しかも就職氷河期世代が高齢者となるため、低年金・無年金者も増大する可能性大。

人口の約3人に1人が高齢者！　社会を支えるのは、もはやほとんどが高齢者という現実

2045　2042　2040　2039

自治体職員の不足で行政サービスが滞る

総務省の資料によれば、人口1万人未満の町村で職員が2013年比24・2%、10万人未満の市でも17・0%減となる。

これから先、人口は増えそうにないし、とくに地方都市なんて、市町村合併してもやっていけるのかなあ……

東京都民の3人に1人は高齢者

東京都の将来推計によれば、高齢化率が30・7%となり3割台に突入する。渋谷や原宿など「若者の街」もシルバー中心となりそうだ。

テレビもネットも、渋谷の映画館もテーマパークも。何を見てもどこに行っても、高齢者だらけ

2050

行き詰まる地方自治体が増える

国土交通省によれば、現在、人が住んでいる地域の約20%が「誰も住まない土地」となる。人口減少が進む地方では税収も減り、自治体運営が困難に。

祖父母の住んでいた地方の町が合併で消滅。子どもの頃は夏休みに毎年行ってたところが……

2056

人手不足が深刻化。成り立たなくなる業種も

生産年齢人口が5000万人を割り込み、警察や自衛隊を含むあらゆる職種で十分な人数の新人を確保できなくなる。

かつては1億人もいた人口が……これから生まれる子どもたちは僕らと違う景色を見ることになるんだな

2059

70代は「若者」として一線で活躍

5人に1人が80歳以上になる超・超高齢化した社会となり、70代ですら「若者」として働くのが当たり前とならざるを得なくなる。

もう、いつ引退するかとか、定年制度とか、そういう問題じゃないんだな。誰もが生涯現役の社会……！

「どんな未来を選び取るのかは自分次第。
まずはライフプランをたてることから！」

はじめに　日本はこのままいくと消滅する!?　2
ミライ君の「未来年表」　10
「人口が減るとなんで問題なんですか?」　20

CHAPTER 1　2020年　現在の世界
当たり前が当たり前でなくなっていく　27

TOPIC 1
子どもを産める女性が（そもそも）いない問題　28
ココが問題!
お金がないと家族が持てない↓
お金がない↓家族が増えない　35

TOPIC 2
“便利の終わり”がやってくる　36
ココが問題!
人が減る↓買う人がいない＋
売る人がいない＋届ける人がいない　43

TOPIC 3
おばあちゃん大国ニッポン　44
ココが問題!
70↓80歳、80↓90歳……
高齢者のさらなる高齢化が進むと?　51
2020年の世界から……
今すぐ始めたい!　3つの提言　52

CHAPTER 2 20XX年 未来の世界 53
働き方の未来／家族の未来／学校・教育の未来／お金の未来／サービスの未来

働き方の未来

TOPIC 4
私たちの仕事を奪うのはAIじゃない 54

新しい日本！
働き方が変わらざるを得ない未来にどう対応していくか 61

TOPIC 5
何歳まで働く？ これからの「定年」 62

新しい日本！
勤労世代が減り、老後が長くなった
↓長く働かざるを得ない社会に 69

TOPIC 6
給料はもう上がらない？ 日本の賃金 70

新しい日本！
労働市場における「若さ」の価値
↓年功序列的価値観の終わり 77

COLUMN
世界に目を向けてみると
人口が減っていくのは日本だけじゃない 78

家族の未来

TOPIC 7
若い世代が直面するダブルケアとは？ 80

新しい日本！
老人×老人介護から認知症×認知症介護、そして育児と介護のダブルケア問題 87

TOPIC 8
墓地も火葬場も足りない！問題 88

新しい日本！
葬式すら成立しない社会へ
↓葬儀と埋葬方法の多様化 95

TOPIC 9
もはや過去の問題？ 遺産のゆくえ 96
新しい日本！
土地、家、事業……遺産の価値と魅力の低下 103

TOPIC 10
上がり続ける生涯未婚率 104
新しい日本！
結婚・出産・育児・介護……
ライフプランをどう設計するか 109

学校・教育の未来

TOPIC 11
大学の役割、学歴の意味 110
新しい日本！
誰もが大学へ行ける時代
↓大学教育の未来とは 117

TOPIC 12
小・中学校がなくなる
↓部活もなくなる？ 118
新しい日本！
生徒も先生も、学校も減少
↓才能を伸ばす教育へ 125

COLUMN
女性の働き方の未来 126

お金の未来

TOPIC 13
家はもう〝財産〟じゃない 128
新しい日本！
「家は買うべきもの」「家は財産」という
常識の終わり 135

TOPIC 14
年金だけでは生きていけない問題 136

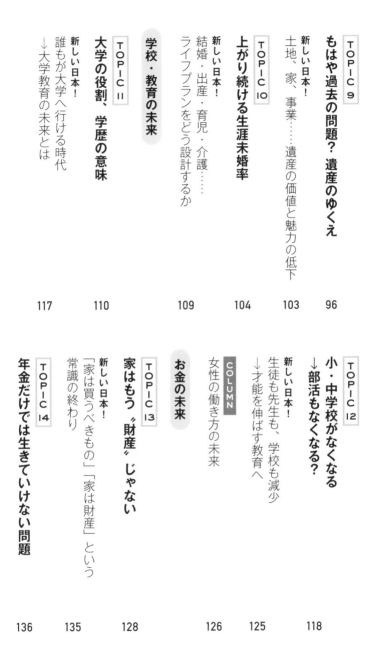

新しい日本！
年金はなくならないが
もらえる額も年数も変わる 143

TOPIC 15
お金があっても買えないもの 144

新しい日本！
「お金があれば」が成り立たない社会へ
↓サービスのあり方が変わる 151

サービスの未来

TOPIC 16
人口減少↓災害が長期化？ 152

新しい日本！
マンパワーが期待できない時代
↓住まい方、暮らし方が問われる 157

TOPIC 17
故郷がなくなるかもしれない 158

新しい日本！
地方自治体の消滅が始まる
↓都道府県の再編も 167

TOPIC 18
高齢者が増える↓民主主義が崩壊する？ 168

新しい日本！
若い世代の政治離れ↓シルバー民主主義化 175

COLUMN
テクノロジーと社会の未来 176

「コロナ後の日本はどう変わりますか？」 178

人口減少日本ですべき7つの方策 187

結びにかえて　日本の新しいカタチ 188

河合さん、
そもそも
教えてください！

「人口が減るとなんで問題なんですか？」

不安しかない年金制度、自然災害からの復旧、これからの働き方、子育てや教育、感染症問題そしてどう死ぬかまで、人口問題が関係しているんです！

「はじめまして河合さん。これからよろしくお願いします！」

「こちらこそよろしく、ミライ君。人口減少の問題について一緒に考えていこう」

「さっそくですけど、**2019年の出生数が90万人を下回った**というニュースを見ました。これって、大変なことなんですよね」

「うん、そうなんだ。**90万人割れになるのは2021年と予測されていたけど、それより2年も早い。**このニュースが流れて、日本社会に衝撃が走った。今まで、人口減少の問題をどこか他人事のように考えていたのんきな人たちも、いよいよこれはマズい局面になったと感じたはずだよ」

「僕もその一人です。もう日本の人口が増える可能性ってないんでしょうか？」

「残念ながらないんだ。その理由はあとでじっくり説明しよう（→P28）」

「うわぁ、このまま人が減り続けたら、日本はどうなっちゃうんだろう。まさか、消滅するとか？　それはさすがにないですよね（笑）」

「いや、笑い話とも言えないよ」

「えーっ！」

「あくまで計算上だけど、社人研の推計によれば、**あと100年もしないうちに日本の人口は5000万人程度になる**」

「今の半分以下⁉」

「さらに遠い未来まで計算していくと、西暦3000年には、人口2000人という推計になるんだ」

「2000万人じゃなくて、2000人ですよね。どうしよう！　信じられない！」

「まぁ、1000年近くも先のことまではわからないけれど、数字の上では国が消滅する可能性もあるってことだ。ミライ君を脅かそうと思ってこんな話をしているわけじゃないんだよ。でも、現実を見ることを恐れちゃいけない」

「できれば目を背けたいです。僕らの未来はあまり明るくないのかな。ああ、こんな時代に生まれて損した気分！　河合さんはいいですよね、いわゆる逃げ切り世代ってやつでしょう？」

「いや、**逃げ切り世代なんてどこにもいない**んだよ。人口減少の影響は、今生きているすべての人の暮らしに関わっている。むしろ、時代の変化に対応できないわれわれ中高年世代の方がピンチだ」

「そうなんですか?」

「逃げ切り世代と言われている人達にしても、自らの老後の生活を支えてくれる若者がいなくなるんだから、十分なサービスを受けられなくなってしまう。でも、少子高齢化が進んで、人口が減っていくなかでも、いい社会にする方法は絶対にあるし、豊かに生きることもできる。だからこそ、世代にかかわらず今起きていること、これから起きることを知っておくことが大切だ」

「わかりました。たしかに知ることは大事ですよね。どっちにしろ、僕らはこれからこの人口減少社会で生きていくわけだし。でも、なかなか具体的にイメージできません。人口が減ると困るんだろうなとは思うけれど、どんなことが起きて、どう困るのかな……」

「それはミライ君だけじゃないよ。**人口減少はじわじわとボディブローのように効いてくるものだから、なかなか実感しにくい**という面があるんだ。だから私は人口減少問題を〝静かなる有事〟と名付けたんだ」

「静かなる有事、なるほど」

「たとえば、**働き方や会社が変わる。**今までのように毎日同じオフィスに通勤して、年齢とともに給料が上がって、出世したりしなかったりはあるものの、無事に定年を迎えるというモデルはもう過去のもの（↓P62）。結婚して家庭を持つということについても、**非婚化・晩婚化の流れは止められない**だろう（↓P１０４）」

「思いっきり僕に関係あることばかりだ」

「**とくに大きな問題は、労働力人口が減るということ。**お金があってもサービスを受けられなかったり（↓P１４４）、行政サービスが縮小されて災害時に対応する人手も足りなくなる（↓P１５２）」

「そういう問題もあるのか……」

「個人の生活にも、社会全体にも大きな変化が訪れている。これから、18のトピックで、ミライ君と家族の人たちに起きることをみていくよ。決して愉快な話ではないかもしれないけれど、ちょっとガマンしてお付き合いいただきたい。ミライ君がこの激動の時代を泳ぎきっていくために、まずは知ることから始めよう！」

ココが問題！ 子どもがどんどん減っていく

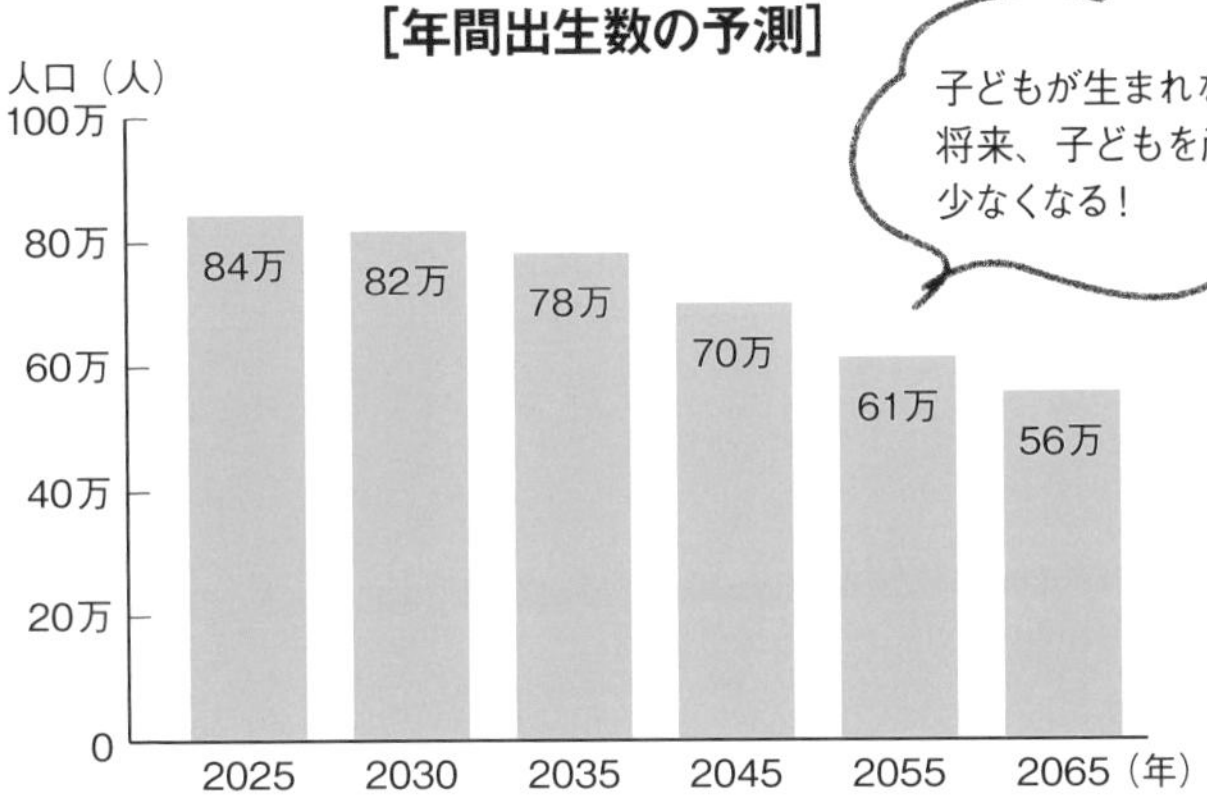

子どもが生まれなければ将来、子どもを産む人が少なくなる！

国立社会保障・人口問題研究所「日本の将来推計人口」（2017年）より

人が減るってこういうこと！（合計特殊出生率）

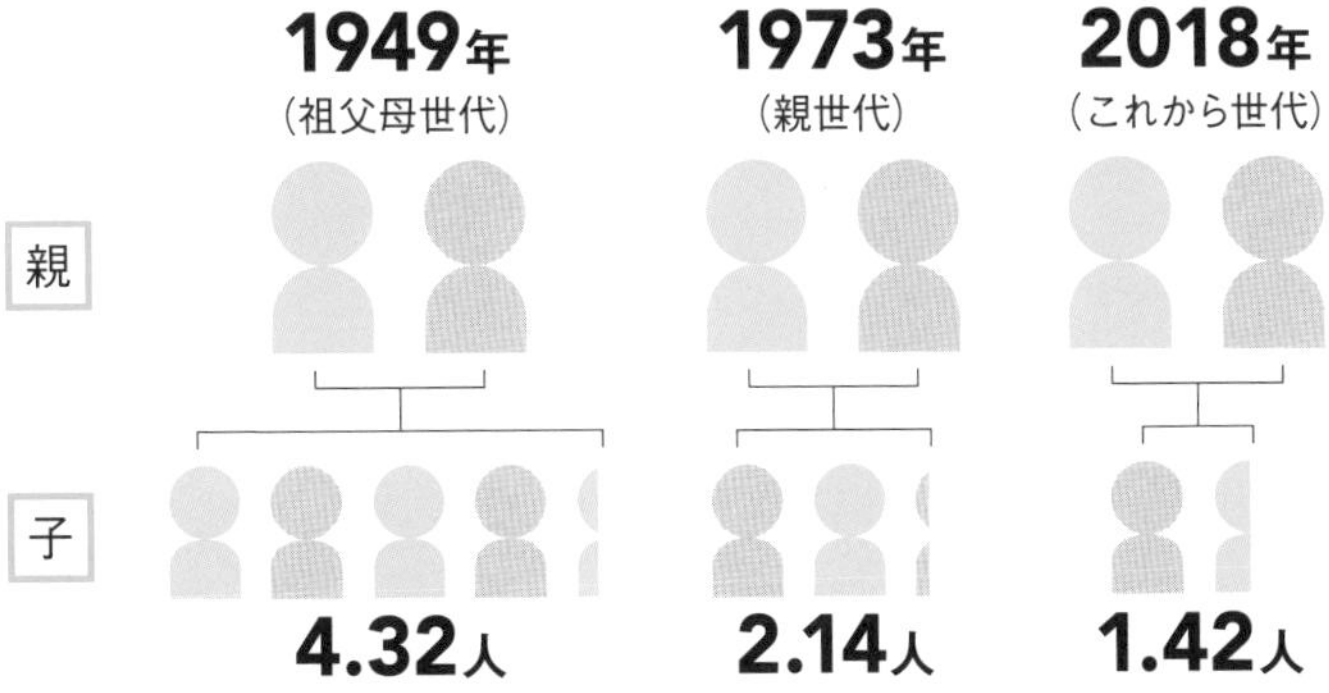

父母という2人の人間が
2人の子どもをもうけなければ
→人口は減っていくばかり……

合計特殊出生率とは？

15〜49歳までの女性の年齢別出生率を合計したもの。簡単に言うと、1人の女性が生涯に産む子どもの数の推計値。

ミライ君の将来に対するモヤモヤした不安

いまの会社でずっと働き続けられるのかな
年金って本当にもらえるのか、不安しかない。毎月、給料から引かれてるけど……
年金
MILK
この給料で結婚したり子育てしたりできるんだろうか
祖母が認知症になったら、うち、どうなるんだろう
先輩は育児と親の介護が一度にやってきて大変そう

とりあえず、不安しかない……どうすればいいのか、誰か教えてくださーい!!

ミライ君（1991年生まれ 29歳）

老舗企業に勤務する社会人７年目。趣味はゲームとスポーツ観戦。学生時代からつきあっている１歳年上の彼女がいる。家族とともにマンション住まい。

CHAPTER 1

2020年 現在の世界

当たり前が当たり前でなくなっていく

「コロナ後、オリンピック後、日本社会は失速する」
まことしやかにそう言われているが、
それを予測する前にまずは現在の日本社会を知ろう

TOPIC 1

少子化対策と言うけれど……

子どもを産める女性が（そもそも）いない問題

「親から、そろそろ結婚して家族をつくったら？
というプレッシャーを感じます」

少子化は、もはや危機的な水準！「出生率」が上がっても「出生数」は増えない

「未来について考えるためにも、まずは今の日本で起きていることをみていこう。少子化がものすごいスピードで進んでいることは、ミライ君も知っているよね？」

「はい！ ニュースで見るたびに、僕もはやく家庭を持ったほうがいいのかなと思ったりはします。親にもうるさく言われるし。でも、現実はというと給料も安いし、結婚はもうちょっと先でいいかなぁというのが本音です……」

「そうか。いくら少子化が深刻だからといって、ミライ君のような若い人たちに『産めよ、殖やせよ』というプレッシャーをかけるのは間違っている。**結婚や出産というのは、あくまでも個々人の価値観の決断であり、自由な選択だ。**それに、日本の少子化は、そんなレベルじゃないところまできているんだ。**この先、ちょっとしたベビーブームが起こったとしても、人口の減少は食い止められない**だろう」

「え、そうなんですか？ 子どもを3人以上つくるカップルが増えれば、少子化問題って解決できるのかと思ってました」

「じゃあ、順を追って説明していこう。少子化の度合いを測るバロメーターのひとつ

に『合計特殊出生率』というものがある。これは、1人の女性が生涯に産む子どもの数の推計値だ。戦後まもない1947年は4・54だったけれど、直近のデータである2018年は1・42。女性1人が産む子どもの数が、今は1・42人、という意味なんだ」

「1・42人って言われても……人の数は小数で割れないんじゃ？」

「そう、そこがポイント。**1・00であろうと1・99であろうと、1組のカップルから1人しか生まれない**、ということなんだ」

「3・00以上にならなければ人口は増えないんだ!?」

「政府は、この合計特殊出生率をなんとか上げようとしているけれど、1・42が1・99になったとしても、少子化のスピードが緩くなるというだけのこと。それどころか、この**出生〝率〟が上がったところで、出生〝数〟は減り続ける**。どうしてかわかるかな？」

「えっと……、わかりません」

「答えは、〝未来の母親〟が減っているから。いままでも少子化は進んできたわけで、すでに女児の数が少なくなっている。2020年、50歳以上の日本女性の数は、49歳以下の数をいよいよ追い抜くんだ。つまり、**日本女性の2人に1人は50歳以上！　将来、子どもを産める女性の数そのものが減っているんだから、出生率がちょっと改善したところで、人口減少に歯止めはかからない**んだよ」

「1.99人の子ども」の意味

1.00でも1.99でも生まれてくる子どもの数は「1人」。人口統計上の指標だが、人口をキープするためには必要な数は2.07人と言われている。

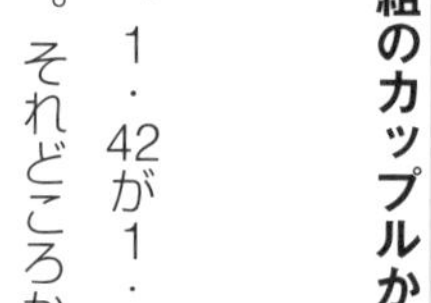

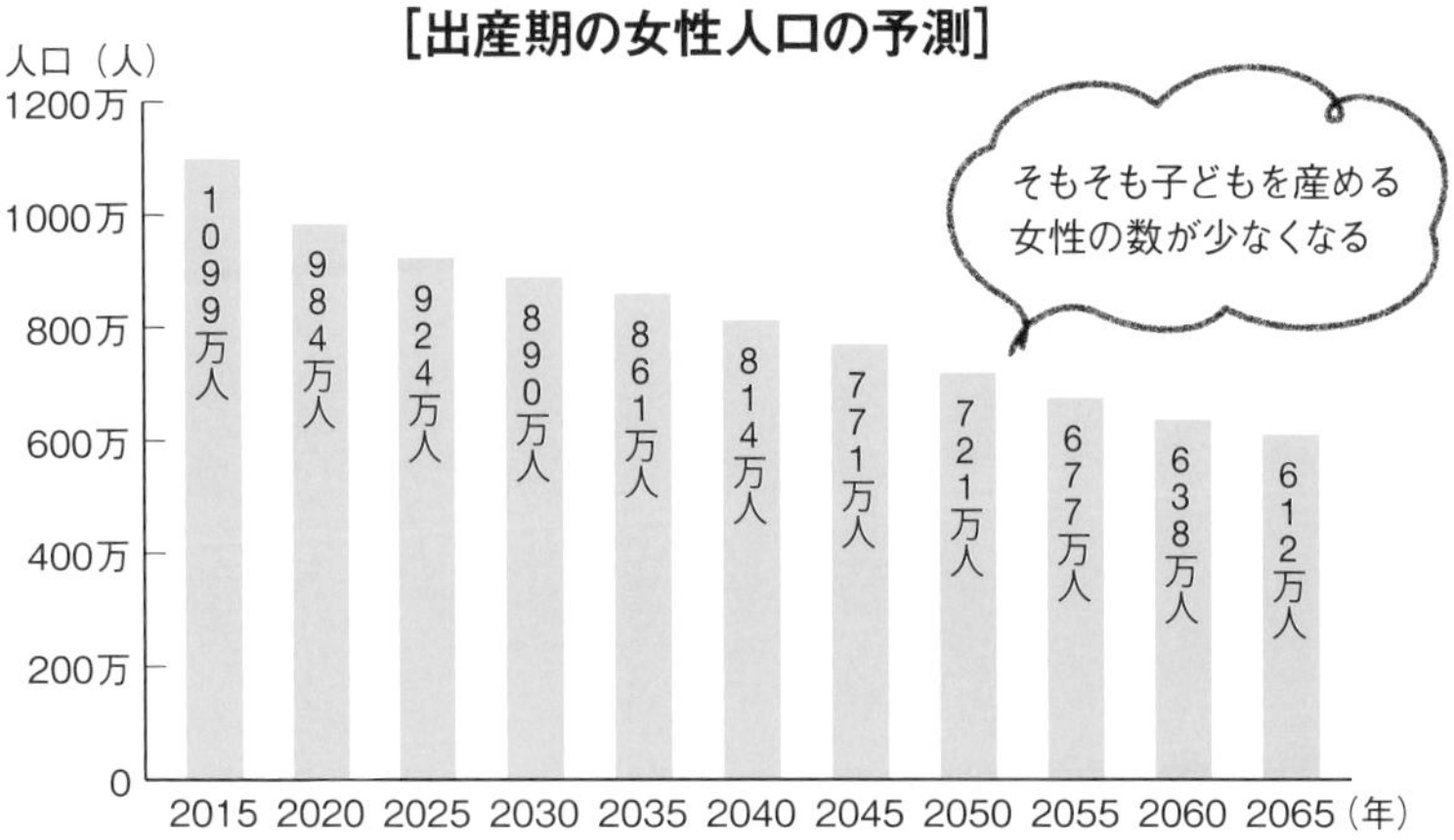

国立社会保障・人口問題研究所「日本の将来推計人口」（2017年）より

「1人当たりの産む数が少し増えても、産む人の数が昔よりずっと少ないから、全体としては減っていくってことですね」

「過去の数値と現在を比べてみると、そのことがよくわかるよ。2005年の合計特殊出生率は1・26と過去最低で、その年の出生数は106万2530人だった。2018年の合計特殊出生率は1・42だから2005年より上がっているけれど、出生数はというと、91万8400人だった」

「合計特殊出生率が改善すれば、少子化に歯止めがかかると思っていましたが、こうして具体的な数字で説明されるとよくわかりました。少子化って、

子どもを産んだ女性の8割超が25〜39歳

2018年の統計を見ても、出生数の約85%が、25〜39歳の女性。この年齢の女性の数は何十年と減り続けるので、今後、合計特殊出生率が多少上がっても出生数は増えていかない。

想像してた以上にすごい勢いで進んでいるんだ……」

「日本は、**少子化がさらなる少子化を呼ぶスパイラルに陥っている**ということだね。8割以上が25～39歳で出産しているが、この年齢層の女性の数は2015年には1099万人だったのが、2040年には814万人、2065年には612万人と減少していく予測だ。つまり、50年後に合計特殊出生率が倍ほどになってようやく現在の出生数の水準を維持できるということだ。年間出生数が今よりも増えるというのは極めて難しい。残念だけれど、これが現実なんだ」

「ちょっと話がずれるかもしれませんが、今は40代で初めて出産するという女性も増えているんじゃないですか？」

「昔に比べればね。だが、全年齢の中では圧倒的に少ない。合計特殊出生率は15～49歳の年齢別出生率を合計したものなんだが、現実の社会を見てみると、大学を卒業して就職する女性が増えたので、10代や20代前半で出産する人は昔よりも少ない。そして、不妊治療などの医療が進歩しているといっても、生物学的に妊娠しやすい年齢というのはどうしても限られてくるだろう」

「そうですね。生物学的にいえば、僕ら世代は子どもをつくる適齢期だと思うんですが、周りの同世代の女性ですでに出産した人って意外と少ないです。僕と同じよう

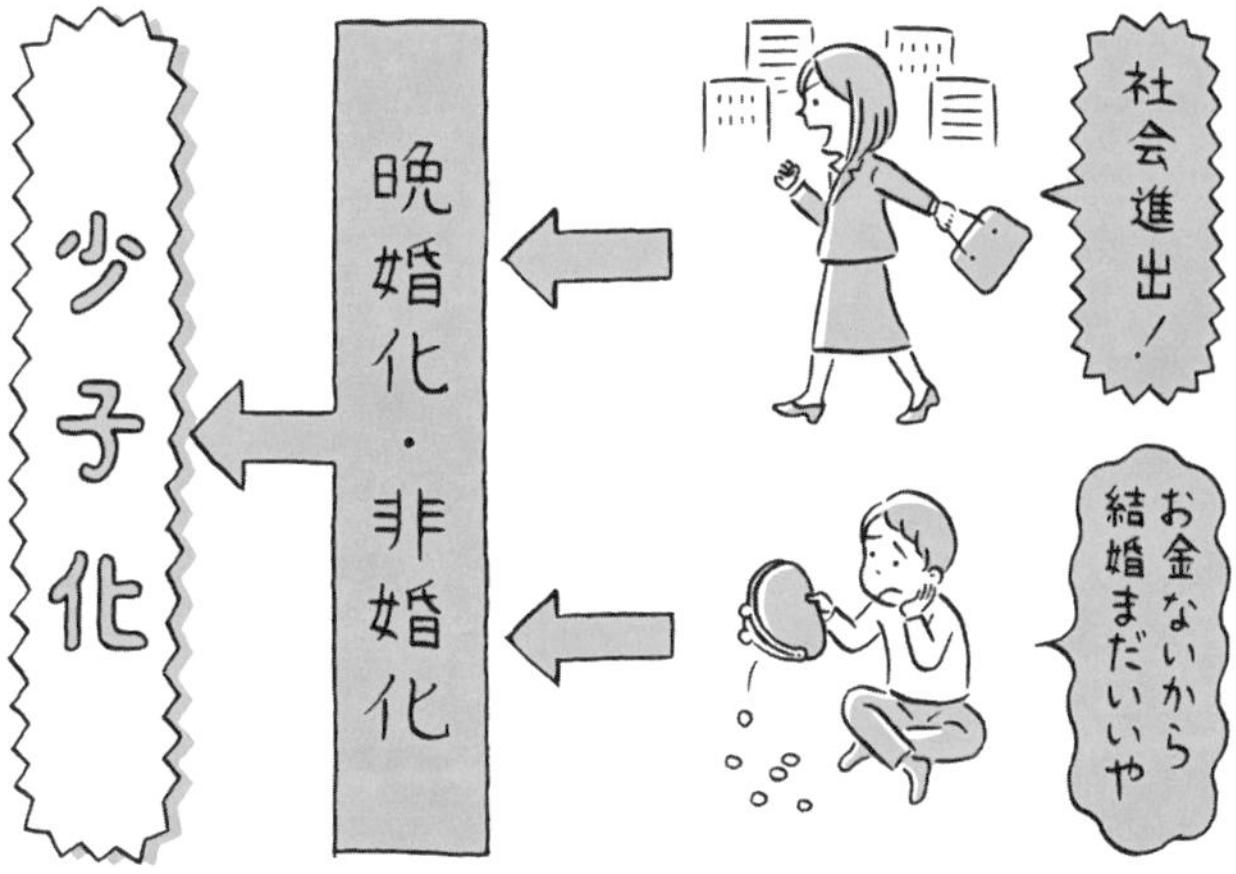

に、結婚はもうちょっと先でいいと思っている女性も多いんじゃないかな」

「**非婚化・晩婚化、晩産化が、少子化の大きな要因になってきた**ことは明らかだ。政府や自治体も結婚の機運を盛り上げようとしているけど、そう簡単には変わらないね」

「やっぱり、女性の社会進出が進んだからですか？」

「いや、世界各国をみると、女性の社会進出と少子化はあまり関係がないんだ。ただ、日本の場合は仕事をしながら子育てしている人へのサポートが弱いので、そうした側面もあるね。でも、女性の側の変化だけが理由じゃないよ……ヒントは、さっきのミライ君自身

一向に解消しない待機児童問題

厚生労働省によると、2019年4月1日時点での待機児童数（認可保育所に入れない児童数）は全国で1万6772人。前年比で3123人減っているが、子どもを預けられず求職活動ができない女性もいることから、数字に表れない「隠れ待機児童」も多いとみられる。

の言葉！」

「え？　僕、なにか言いましたっけ？」

「『まだ給料が安いから、結婚はもうちょっと先でいい』と言ってたよね？　結婚して子どもを養育するには、ある程度の経済力が必要だから、収入が上がる見込みがなかったり、安定した仕事に就けていない人たちは、結婚したくてもできないと考えているんだ。内閣府の調査で、未婚の人たちに『どのような状況になれば結婚すると思うか』と聞いたところ、『経済的に余裕ができること』という回答が全体の42・4％といちばん多かった」

「そうでした、まさにそれです。今の年収だと、まだ家庭を持つ自信はないなぁ」

「**いつかは結婚したい、いつかは子どもがほしい……と思いながら、経済的な理由などで結婚しない人が増えている**んだね。２０１８年の統計で、第１子出生時の母親の平均年齢は30・7歳、第3子出生時は33・7歳とある。たとえば、女性が30代後半で結婚したとすると、その年齢から子どもを3人以上出産する可能性はかなり小さいといえそうだ」

「なるほど。僕ももうすぐ30歳。いろいろ考えないと……」

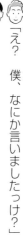

ココが問題！

お金がないと家族が持てない →
お金がない → 家族が増えない

[18歳未満の子どものいる世帯数の推移]

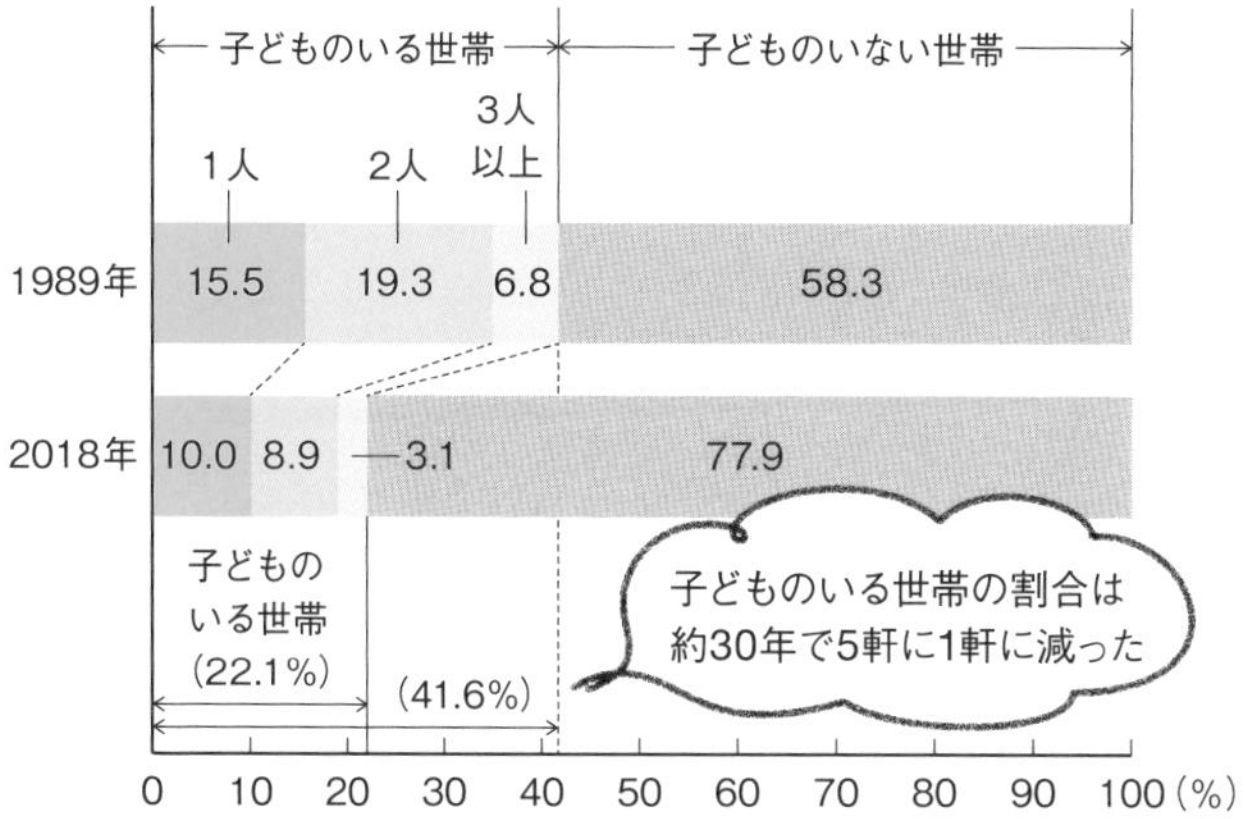

厚生労働省「2018年 国民生活基礎調査の概況」より
※子ども＝18歳未満の未婚者

POINT!

- □ これまで進んできた少子化が原因で、“子どもを産める女性”の数が減っている
- □ 50年後に出生率が倍増しても、出生数は増えない
- □ 結婚したくてもできない、子どもがほしくても持てない人が増えている

↓

若い世代の経済環境の悪化から、非婚・晩婚・晩産化がさらに進む可能性が大きい

TOPIC 2

コンビニはもう24時間やってない

“便利の終わり”がやってくる

「Amazonがあれば生きていけるし……
と考えるのは甘いのかな」

人がいなければ商売もサービスも成り立たない。「当たり前」を見直す時代に

「このまま人口が減っていくと、どんな困ったことが起き始めるんでしょうか」

「たくさんの問題があるけれど、身近でわかりやすい例を挙げると、〝便利が終わる〟という変化かな」

「便利が終わるって、どういうことですか？」

「たとえば、コンビニエンスストア。ミライ君世代はいつでも開いているのが当たり前だと思ってきただろうけど、最近、人手不足で24時間営業ができなくなっているお店が出てきて、ニュースにもなったよね」

「アルバイトを募集してもなかなか応募がないから大変だとか。僕がよく利用する牛丼チェーン店でも、一時的に24時間営業をやめた店舗もあります。そういう人手不足は、ますます深刻になっていくのかな」

「人口が減れば、人手だけでなく、お客さん自体も減ることになる。**若い世代から少なくなっていくので、日本ではこれから働き手の減少がとくに深刻**になるんだ。

2015年の国勢調査によると、労働力人口（就業者＋求職者）は6075万人で、

24時間営業をやめる店も出てきている

ファミリーレストラン	コンビニエンスストア
ロイヤルホスト、すかいらーくグループ、サイゼリヤなど	セブン-イレブン、ローソン、ファミリーマートなど

前回の２０１０年よりも２９５万人減っている。**出生率などの水準が今のままだとすると、２０６０年には３７９５万人と、ほぼ半減する**という予測もある」

「働き手が今の半分に!?」

「そうなったら、日本経済にとって大きなダメージになるのはもちろん、社会のいろいろなものごとが機能しなくなってきそうだね。いまや、これまでの働き方を見直そうという流れも出てきているから、**日常の暮らしに必要なサービスや店はこれまでのようには成り立たなくなる**と考えておいたほうがいいね」

「24時間営業ができないどころか、お店自体がなくなってしまうとか？」

「そもそもどんな業種も、ある程度の顧客数が見込めるところでしか店舗を維持できないからね」（Ｐ１４６参照）

「でも、今はネット通販が普及しているから、店舗がなくても買い物はできますよ。僕もＡｍａｚｏｎをよく利用するし、メルカリとかのフリマアプリもあるし、妹は服やコスメはほとんどネットで買っていると言ってました」

「ネット通販はたしかに便利だね。今のところは、近所に店がなかったり、交通手段がなかったりして、なかなか買い物に行けない〝買い物弱者〟の人たちにも役立っているだろう。でも、**労働力人口が減ると、ネットで注文したものを『届ける人』がい**

[休日の外出率の世代別比較]

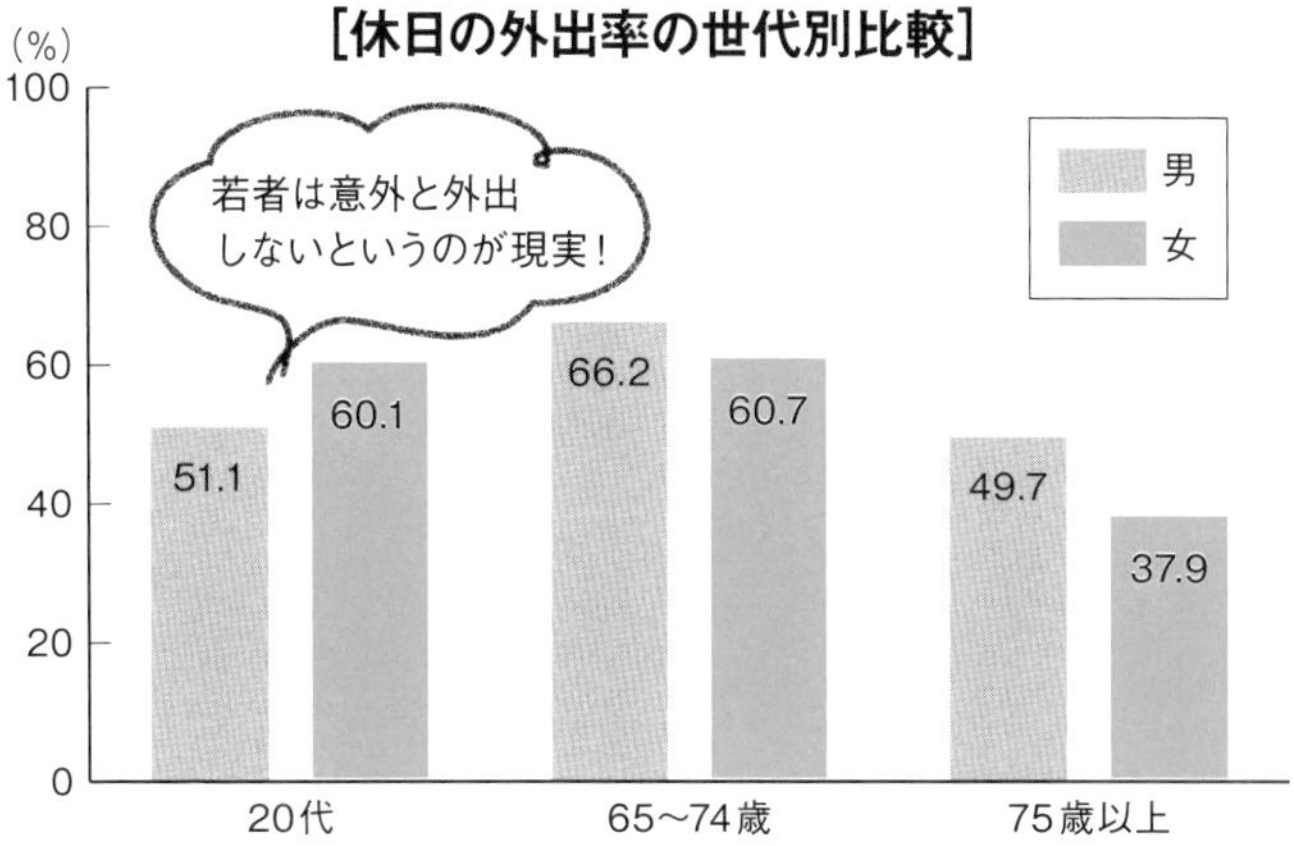

国土交通省「全国の都市における人の動きとその変化」(2015年) より

なくなってしまうんだ」

「ネットショッピングの普及で配達する荷物の量がどんどん増えているのに、宅配便のドライバーさんが足りないなんて考えもしなかった」

「打開策として、物流業界ではドローンや自動運転トラックを使った配送方法も開発・検討されているけれど……」

「町中の空をドローンが飛び交うような未来になるのかなぁ。でも、うまくいけば配送の人手不足問題はそれで解決できそう!?」

「いや、ドローンや自動運転のトラックは現実的ではないよ。具体的にイメージしてみよう。アパートでひとり暮らしをしている高齢の女性が、インタ

ーネットで冷蔵庫を注文したとする。自動運転トラックでアパートの前までは冷蔵庫を届けることができるかもしれないけれど、その冷蔵庫をトラックから降ろしておばあさんの部屋まで運び、キッチンに設置する。そしてさらに古い冷蔵庫を回収する……ところまでの作業をＡＩが全部できるのか？　やっぱり人がいなければ、冷蔵庫をちゃんとゴールまで届けることはできないんだ。それに、ドローンが飛びまわる社会になったら怖くって歩けないでしょ」

「うーん、たしかに。そう考えると、**配達を完全に無人化することなんてできない**んですね。どんなに小さな荷物だって、ドローンで僕のマンションまで運ばれてきたとして、そこからどうするんだろう、って話ですよね」

「ドローンや自動運転という新しい技術を活用していくのは重要な試みだけど、働き手が減る問題は、思ったほど簡単には解決できない。**コンビニやネット通販はほんの一例で、ほかにも、自動販売機に飲み物が補充されなかったり、急病になって救急車を呼んでもなかなか来てくれなかったり**といった事態が予想されるよ」

「忘れがちだけど、自販機って、誰かが補充しているからいつでも買えるんですよね。救急車も自動運転ってわけにはいかないだろうしなぁ。どうしよう、本当に〝便利が終わる〟時代がやってきちゃうんですね」

!
オトドケ
モノデス
SELF DRIVING CAR

「見方を変えれば、今までが必要以上に〝便利すぎる社会〟だったのかもしれない。コンビニが24時間営業じゃないと、本当に困るんだろうか? ネットで注文したら当日中に届くなんて、さすがに無理があるんじゃないか? **〝便利さ〟や〝無料〟というものが、誰かの犠牲のうえに成り立っている**ことを思えば、少しくらいの不便さはがまんできると思わないかい?」

「そうですね。実際、毎日深夜にコンビニに行くわけじゃないし、ネットで買ったものがすぐに届かなくても別にかまわないって思います。お正月とかだってお店がやってないって最初からわかっていれば、あきらめがつきます」

「きめ細かいサービスは、働き手がたくさんいることを前提にしたもの。今後は**人口が少なくなるにつれ、社会全体の総労働時間は少なくなる。不必要な仕事をやめて1人が働く時間を短くしないと、みんな過重労働となってパンクしてしまう。**すでに、宅配便の業者が再配達の時間帯を縮小したり、コンビニやファミリーレストランで24時間営業を取りやめるところなども出てきた。〝働き方改革〟という流れもそうだけど、不要な労働時間を減らすために企業側も動き始めているね」

「うちの会社も残業しちゃいけない日というのがあります。上司から有給休暇を必ずとるよう強く言われるようにもなりました」

「これまでは個々の企業の自主的な判断に任されていたのが、法律で規定するようにもなってきたからね」

「当たり前だと思っていた24時間社会を見直すときが来ているんですね。未来って今よりも便利な社会になるんだと思っていたけど、不便になるのかもしれないのか……」

「人間らしい働き方が大事という社会は、便利さには欠けるかもしれないけれど、豊かな社会じゃないかな。『多少の不便はいいじゃないか』と思える余裕を持てるかどうか。私たちの意識が、未来の社会を変えるんだよ」

働き方改革とは……

2019年に働き方改革関連法が施行。少子高齢化に伴う生産年齢人口減少の対策として、従業員ひとり当たりの労働生産性の向上、離職率の低下、従業員の満足度の向上を図ることが狙い。

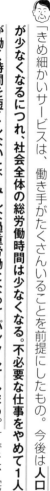

ココが問題！

人が減る → 買う人がいない ＋ 売る人がいない ＋ 届ける人がいない

［トラックドライバー人数の予測］

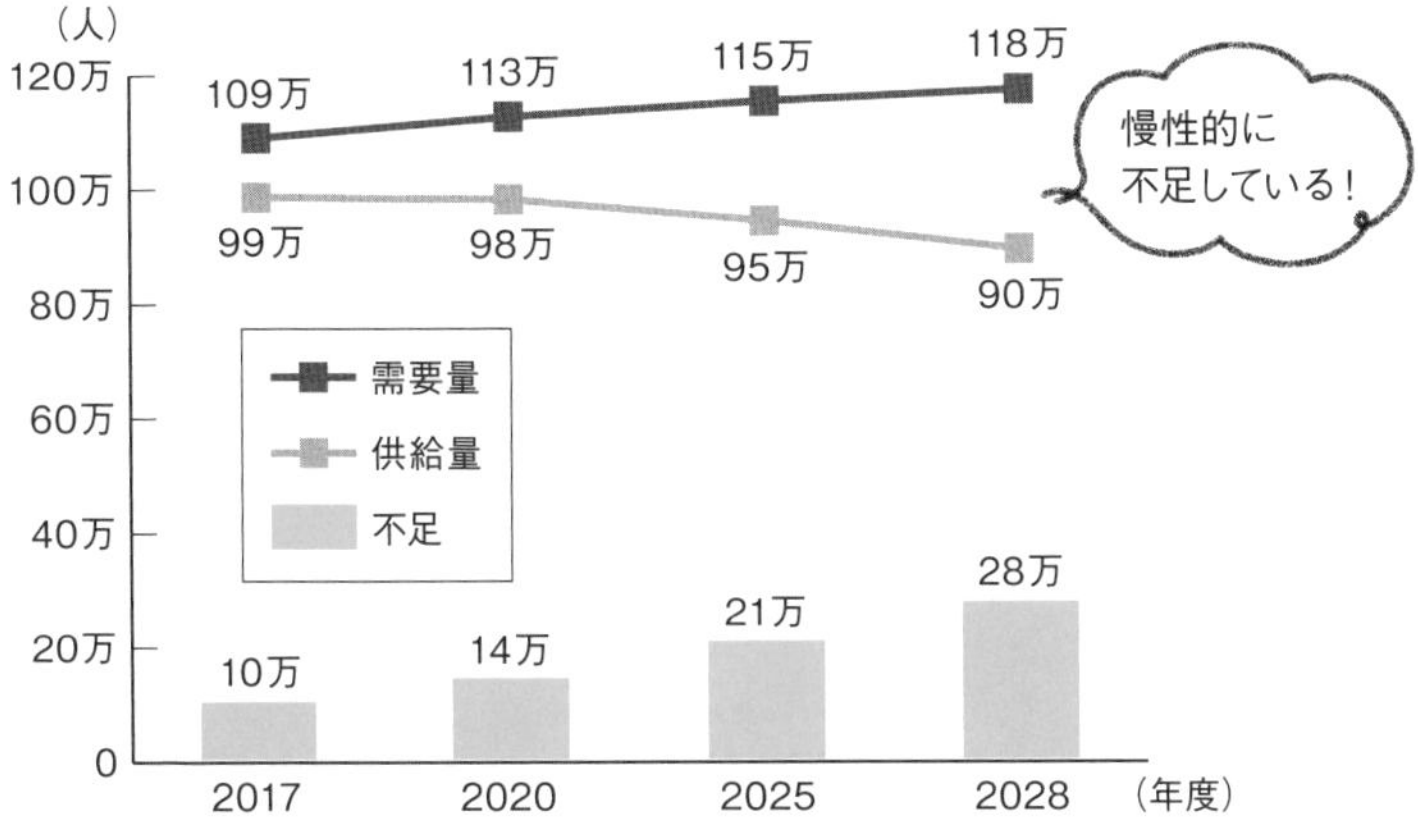

公益社団法人鉄道貨物協会「2018年度 本部委員会報告書」より

POINT!

- □ 少子高齢化に伴う労働力人口の減少が深刻に
- □ 物を買う人だけではなく、売る人、運ぶ人も減少
- □ 余裕のある働き方へ改革も進む

人口減少に伴う便利すぎる社会の限界
＝多少の不便さを受け入れざるを得ない
＝人間らしい働き方の豊かな社会に

TOPIC 3

そういえばうちも……

おばあちゃん大国ニッポン

「祖父は父方も母方もいないけれど、
祖母はそれぞれ楽しそうに暮らしてます」

すでに今、日本の女性の約3人に1人は65歳以上。日本はおばあちゃん大国なんです

「あのー、超高齢社会とか人生100年時代だっていうけど、長生きするのは女の人だけじゃないかっていう気がします。うちだって、祖父は2人とも亡くなってるけど、祖母たちはまだまだ元気だし」

「なかなか鋭いね。たしかに、超高齢社会の主役は女性といえるかもしれないね。2019年の統計では、**高齢者のうち、男性が約1548万人なのに対して女性は約2015万人**。女性の圧勝だね」

「やっぱり!」

「もちろん、日本全体が高齢化しているのは間違いない。内閣府の調査によれば、2018年の総人口に占める65歳以上の高齢者の割合（高齢化率）は28.1%だから、**すでに4人に1人以上が高齢者**ということになるね。そして高齢化率が21%を超えると『超高齢社会』とされるんだ」

「あれ? 超高齢社会ってこれから来るものだと思っていたのに、もうとっくに来てるってこと?」

「そうだね。ここに至るまでを振り返ってみようか（左ページイラスト参照）。戦後間もない1950年の時点では、日本の高齢化率は5%にも満たなかった。高齢化社会（同7%以上）になったのが1970年で、そこから24年後の1994年には高齢社会（同14%以上）を迎えた。**7%から14%までがわずか24年というのは、世界でも群を抜いてはやい**んだ。ドイツ40年、アメリカ72年、フランスは115年かかっているからね。いかにすごいスピードで日本が高齢化してきたかがわかるよね？」

「ほんとですね。しかも、これから少子高齢化がもっと進むってことは……」

「そう。今度は未来に目を向けてみよう。5年後の2025年には、ミライ君のご両親よりだいぶ年上の『団塊の世代』の人たちがすべて75歳以上になり、高齢者の数は3677万人になる。その後も高齢者は増え続けて、ピークを迎えるであろう2042年には3935万人になると予測されているよ」

「今より377万人も増えるのか。ひぇー！」

「高齢者の数はそこから減少に転じるとはいえ、若い世代がさらに減っていくから高齢化率は上がり続ける。ミライ君世代が高齢者になった**2065年には、高齢化率38・4%で、約2・6人に1人が65歳以上**になるという推計になっている」

「今、4人に1人が高齢者って聞いて驚いていたのに、2・6人に1人って！どん

[日本の高齢化率の推移]

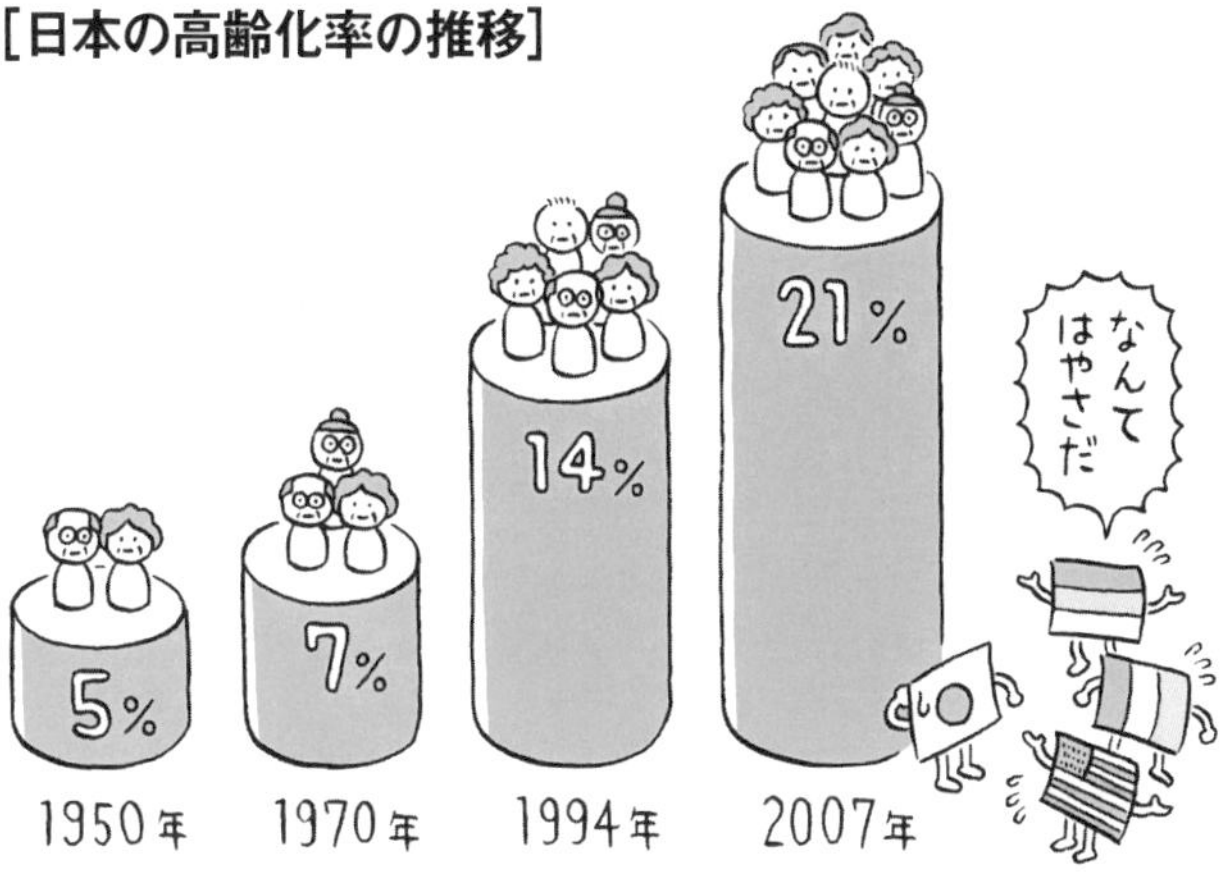

な世の中になっているんだろう？　想像がつきません」

「そうだね。日本中の町に高齢者があふれかえることになるだろうね。とくに、おばあちゃんが」

「あ、そうか。超高齢社会の主役は女性なんだった。町が、おばあちゃんだらけに……」

「**すでに、日本の女性の約3人に1人が高齢者**だよ。ただ、高齢者とひと口に言っても、65歳と100歳とでは親子ほどの年の差だよね。『後期高齢者』（75歳以上）なんていう変な言葉があるけれど、これからは、その75歳以上の人口が増えていくというところに注目してみて。2018年に、75歳以上の人口が65～74歳を上回ったんだ。これからは、〝**高齢者が高齢化していく時代**〟なんだ」

「そして、その高齢化する高齢者の多くが女性ってわけですね。うちの祖母も、母も、長生きしそうだしなぁ……」

ひとり暮らしのおばあちゃんが増加。長い老後の収入をどうする？

「ところで、ミライ君のおばあさんは、ご実家で同居しているの？」

「いえ、父方の祖母はもう老人ホームに入居していて、母方はひとり暮らしです」

「2015年の国勢調査で、**65歳以上の高齢女性の5人に1人がひとり暮らし**だと判明したんだ。ミライ君のおばあさんみたいに、夫に先立たれて子どもと同居せずにいる人だけじゃなく、そもそも未婚の人や、離婚をした人もいるはずだよね。若い人たちの未婚率や離婚率が上がっていることを考えると、これからはひとり暮らしの女性高齢者、それも75歳以上の人がもっと増えることを見越しておかないとね」

「ひとり暮らしの祖母のことは、やっぱり心配です。体が衰えてきたらどこに住むの

おばあちゃんたちは長生き

女性の死亡年齢でもっとも多いのが、90～94歳で15万857人。次いで85～89歳の14万3303人。75～79歳は5万7120人。いかに女性の平均寿命が長いかが分かる。

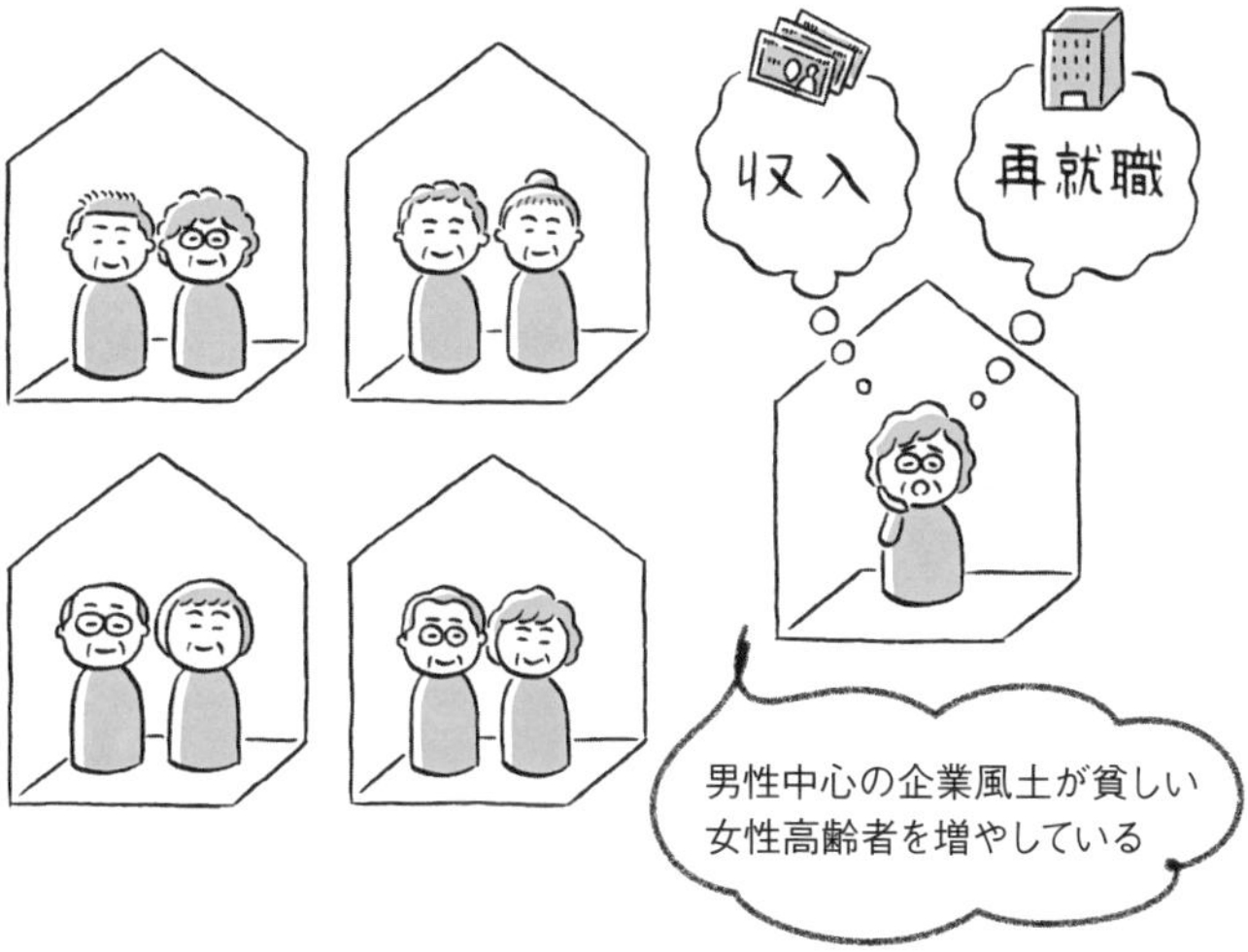

男性中心の企業風土が貧しい
女性高齢者を増やしている

かなって。うちの場合は親戚もいるからみんなでサポートできるけど、身寄りがなく、経済的にも苦しい女性はどうすればいいんだろう？」

「たしかに、**女性の老後の収入をどうするかというのは大きな問題**だね。非正規などで働いていて現役時代から収入が少なく老後の蓄えが十分でなかったり、低年金・無年金の女性がひとり暮らしになった場合は経済的に困窮するおそれもある。また、これからの時代は、定年後も働き続けるのが当たり前になっていくけれど、一方で、〝定年女子〟は、男性のように再就職先を紹介してもらいにくいからね」

「どうして女性は再就職先を紹介して

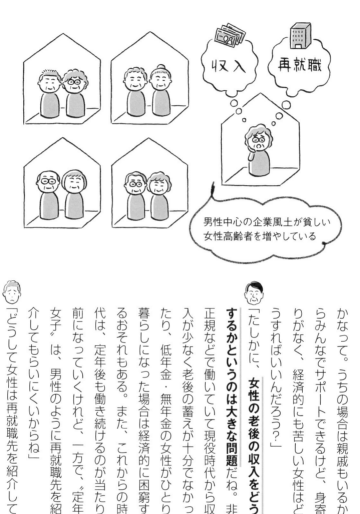

もらえないんですか?」

「昔ながらの男性中心の企業コミュニティーがいまだに残っていて、阻害しているんだ。『オールド・ボーイズ・ネットワーク』といってね、男性だけの派閥や人間関係で重要なものごとが決まってしまう。そういう風土のなかで、女性が再就職先を見つけることはかなり大変なんだ」

「ひとり暮らしになる可能性が大きくて老後の収入がより必要そうなのは女性のほうなのに、それは不公平だなあ。僕らが定年を迎える頃には、そんなものはなくなっていてほしいです」

「そこで、退職前から起業することを考えている女性が増えているそうだ。起業する女性のうち、65歳以上の人が9・9%というデータもある。大きな会社を起こすのではなく、**個人事業主として小さなビジネスを始めるなら、手元の資金で堅実に開業できる。**高齢社会を迎えて生活弱者も増えるなか、女性ならではの視点や発想がますます必要とされてくると思う。〝思いやりビジネス〟のニーズは拡大するんじゃないかな」

「起業して活躍するおばあちゃんが増えたら、社会全体にとってもプラスになりそうですね!」

ココが問題！

70 → 80歳、80 → 90歳……高齢者のさらなる高齢化が進むと？

[75歳以上の女性はどのくらい増える?]

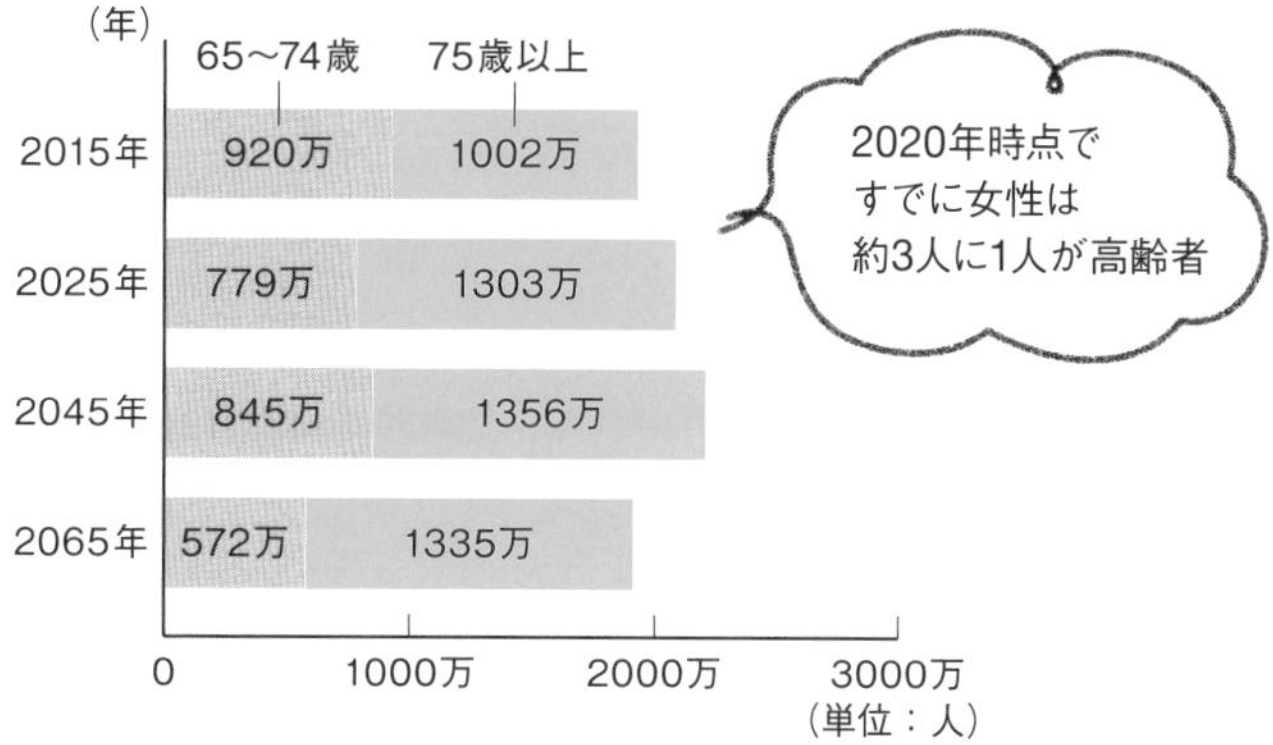

国立社会保障・人口問題研究所「日本の将来推計人口」(2017年) より

POINT!

- □ 日本はすでに「超高齢社会」、約4人に1人が高齢者（女性は約3人に1人が高齢者！）
- □ しばらくは65〜74歳が減り、75歳以上が増えていく＝高齢者の高齢化
- □ ひとり暮らしの貧しい高齢女性が増えていく

↓

高齢女性が社会のメイン層になる時代の到来!?
60代になる前に起業の準備をするなど、
老後のプランを事前に描いておく

2020年の世界から……

今すぐ始めたい！ 3つの提言

1 ライフプラン設計

人生の時間が長くなり、さまざまな適齢期が崩れてきている。つまり、何歳で何をするかは、一人ひとり違うということ。なりたい自分を思い描きながら、ときどき立ち止まって振り返り、この先5年くらいのプランを設計し直していこう。自分だけではなく社会の変化を見ることがポイント。20代の頃に見る未来と、30代、40代になってから見る未来は、きっと違うはずだ。

2 働き方の見直し

働くこと＝会社に勤めること、と思っていた時代は終わる。1つの会社に定年まで、あるいは長い期間勤めるだけではなく、短期の契約を繰り返すような働き方に多くの人が対応せざるを得なくなる。年功序列、先輩・後輩というような組織文化はなくなるだろう。そもそも勤務先もこの先何十年もあり続けるとは限らない。今は過渡期。親世代や先輩たちの経験や常識はいまに通用しなくなる。

3 自分の価値を上げる

会社と個人とが個別に契約することが当たり前になる（そのくらい雇用が流動化しなければ、日本経済はだめになってしまう）。どこに属するかではなく、何ができるか。自分の強みを最低でも1つはアピールできるようにしておこう。機械やAIで代替できるような定型化した仕事はなくなっていく一方で、融通を利かせたサービスなどはなくならない。そして新しい技術に遅れないようアップデートする努力も欠かせない。

CHAPTER 2

20XX年

未来の世界

変わっていくもの、変わらないものを見極めよう

暮らし方に働き方、家族のあり方。
そして、お金の価値やサービスの意味。
何がどう変わり、変わらないのかを知ろう

働き方の未来

TOPIC 4

技術が進化してもやっぱり人手不足。

私たちの仕事を奪うのは AIじゃない

「うちの会社、IT化も遅れてるし、
AIとか……そもそも僕にもわかるのかな」

社会を脅かすのは人口減少と高齢化。ＡＩはむしろ仕事を助けてくれる存在に

「すでに少子高齢化がここまで進んで、社会の担い手が減ってきているということがわかったよね。２０２０年のコロナ禍を経て、ミライ君が働き盛りになる**これからの10～20年で、仕事や会社のかたちはかなり変わってくる**はずだよ」

「今勤めている会社は大企業ではないので、この先どうなるか分からないなと、不安になります。業績が下がり続けたら、専門的なスキルがない僕のような社員はいらないと言われそう」

「これからは勤労世代が減っていくんだから、専門職ではなくても、仕事の能力が高い人材は必要とされていくよ」

「ＡＩがもっと進化したら、なくなる職種も多いって聞きました。人口が減って人手不足になっても、結局はＡＩに仕事をとられてしまうなんてことになりませんか？」

「定型業務などはどんどんＡＩに置き換わっていくだろうが、**ＡＩが人間の仕事の大半を奪うなんていうことにはならないよ。むしろＡＩが普及すればするほど、人間の活躍が欠かせなくなる**と思うよ」

「ほんとうですか？　どうして？」

「ＡＩ技術の発展はめざましい。部分的には人間の能力をはるかに超えているわけだけど、ＡＩは過去の事例を学習し、パターン認識することがベース。これからの日本のように、誰も経験したことのない新たな課題が増えてくる社会で、どれだけ対応できるのかは疑問だ。ＴＯＰＩＣ2の、おばあさんが買った冷蔵庫の例で、ＡＩが〝魔法の杖〟の如く、何でも叶えてくれるわけではないことは分かったでしょ。どんな仕事だって最終的には『人の力』がなければできない部分は残るんだ」

「そうか、そうですよね。僕らは**ＡＩと競争するんじゃなくて、ＡＩとどう棲み分け、どう使いこなすかを考えなくちゃいけない**のかも」

「そのとおり。ＡＩだって、しょせんは人間が生み出した道具なんだ。そう思えば、仕事を奪われるなんて心配をしなくてもいいよ。そもそもＡＩが人手不足を多少なりとも解消してくれるかどうかだって怪しい話なんだ」

「業種によってはかなり有効だとは思います。それこそ自動運転とか、膨大なデータ処理とか。ＡＩは疲れることがないわけだし、ＡＩの学習能力を活かせる分野もたくさんあるんじゃないですか。技術そのものは進化していくんでしょう？」

「技術が進化していくことは間違いないが、問題はＡＩにどんな業務を担わせるのかということなんだ。ＡＩ技術の開発者たちは、必ずしも人口減少問題の専門家ではないからね。一方、技術というのは世界中の技術者たちの開発競争の中から誕生する。要は、人口の増減などとは関係なく時代とともに進むということ。彼らは人口減少がもたらす状況を念頭に置いて技術開発しているわけではないんだから、**日本社会の課題＝少子高齢化を解決する道具として期待するならば、人口減少問題を理解している専門家にも加わってもらって、日本流にアレンジする開発過程を経てからでなければならない**よね」

「ＡＩは、僕たちの代わりに仕事をするために開発されたわけじゃない。ということは、やっぱり働き手不足を解決する切り札にはならないのか」

「部分的には人間の仕事を減らすけれど、日本の働き手世代の激減の規模を考えると、『切り札』というほどの効果にはならない。『労働経済白書』（２０１７年）では、ＡＩが進化しても２０３０年には約64万人の労働力が不足するだろうと試算している。そしてそれ以前の問題として、逆説的に聞こえるかもしれないけど、新しい技術はある意味、いつも『時代遅れでもある』というジレンマもあるんだ」

「時代遅れって？」

「先ほども話した通り、開発者たちは今の社会を便利にしようと思って開発を進めているんであって、未来を前提としているわけではないよね。しかしながら、コロナ禍を経て、人口減少が深刻になる今後の日本というのは、技術開発者たちが想定していない大きな変化の時代を迎える。今とはまったく違う社会の姿になるんだから、最初から大きなズレが生まれる可能性があるということだよ。それに政府が労働力不足をなんとかするために取り組んでいるのはAIだけじゃないよ。女性、高齢者、そして外国人の受け入れ拡大も考えているんだ」

「そういえば、外国人労働者をもっと受け入れやすくするための入管法改正がありましたね。東京に住んでいると、日本で働く外国人がすごく増えていると実感します。さらに受け入れを拡大するとなると……、はっ、まさか、僕たちの仕事を奪うのはAIじゃなく外国人!?」

「いやいや、その心配もご無用だよ。どれだけ受け入れ態勢を整えても、こちらが期待するほど多くの外国人が日本に来てくれるとはかぎらないからね」

「そうなんですか? アジアの国々には、日本に来たいと思っている若者がたくさんいるのかと思っていました」

「コンピューターが普及したことによって専門知識や高度な技術力がなくても、オートメーション化された工場で高品質な製品がどんどん作れる時代となったよね。それ

外国人労働者の受け入れ拡大

2019年4月に改正出入国管理法が施行。介護、建設、農業、外食業など人材不足が深刻な14の業種で、一定の技能と日本語能力のある外国人の事実上の単純労働が解禁された。

は世界各国に仕事が創出されてきたということだから、アジアや南米の発展途上国も豊かになってきている。こうした国々の若者たちにとって、日本がどれほど魅力的に映っているだろうか。加えて、**これからは多くの国で少子高齢化となり、若者の数そのものが少なくなる。**労働者を外国に送り出し続ける余力のある国がそもそもなくなっていくんだ」

「自分の国が豊かで仕事もあるなら、日本に来る理由がなくなるかもしれませんね」

「外国人との関係を考えるならば、安い賃金で働いてくれる労働者としてではなく、一緒に新しいビジネスをつくるパートナーとして迎えるべきなんだ。高度な能力をもった人が来てくれるような日本にならなくてはいけないね。優秀な外国人に見向きもされないようなことになれば、それこそが日本の危機なんだよ」

「**外国人も日本の働き手不足を解決してはくれない**ってことですね。じゃあ、どうすればいいんだろう。僕たち世代が今よりもっと働くなんて、無理です!」

「もちろん、それは不可能だ。社会全体の労働時間は今後、短くなると話したよね。**大切なのは、労働生産性を上げることだ。数少ない働き手が、限られた仕事時間のなかでより効率よく、仕事に集中できるような環境をつくることが先決**じゃないかな」

「限られた時間で仕事に集中する。その妨げになるのは、たとえばどんなことですか?」

「まず挙げられるのが〝通勤〟と〝会議〟だね。昔ながらの、全従業員が9時から5時まで同じ建物のなかにいて働くというスタイルは時代遅れだ。貴重な若い世代を片道何十分も満員電車や通勤のマイカーの中に閉じ込めておくというのは、効率が悪すぎる。その時間、生産も消費もできないんだから。ムダな会議もまだまだ多い。**在宅勤務やＩＴ技術を使ったリモートワークは当たり前に**なってくるだろう。総務省の調査によると、２０１８年９月末時点でテレワークを導入している企業は19・1％で、導入予定があると答えた企業は7・2％。もちろん業種にもよるけれど、導入可能な企業はもっと多いはずだ。事実、新型コロナウイルス対策として多くの企業が在宅勤務に踏み切ったけれど、かなり対応できていたよね」

「うちの会社も急遽在宅勤務となりました。仕事相手とオンラインで打ち合わせしたりもしています。会社に出勤しなくてもできる仕事ってたくさんありそう」

「今回、育児や介護という家庭での役割を抱えながら働く人の中には、在宅で働けるメリットは大きいと感じた人も多かったようだ。会社側にしても、育児や介護を理由に辞める人が多ければ、常に人手不足という状態になってしまう。**ただでさえ減っていく貴重な労働力を確保するためには、それぞれの事情に合わせた働き方ができるようにするしかない。**それが、労働生産性を上げることにつながるんだ」

新しい日本

働き方が変わらざるを得ない未来にどう対応していくか

POINT!

- □ AIが活用される社会では、人間の活躍も不可欠に
- □ AI技術は、人口減少社会を見越して開発されているわけではない
- □ 外国でも若い世代が減少するなか、日本に来る働き手も減少

↓

- **AIも外国人も必須だが、労働力不足解消の切り札にはならない**
- **リモートワークなどを導入し、少ない人数でも労働生産性を上げる工夫を！**

働き方の未来

TOPIC 5

もはや60歳で引退できない時代に

何歳まで働く？
これからの「定年」

「父の定年が65歳に延長になった。
僕の老後はどうなるんだろう……」

寿命90歳時代、60代はもはや「老後」じゃない。少しでも長く、働けるうちは働くことがスタンダード

「僕の父はもうすぐ60歳。定年退職後はどうするのかなと思ってたら、会社の制度が変わって定年が延長されることになったそうで。結局、今の会社で働き続けるみたいです」

「政府は、希望すれば70歳まで働ける社会の実現を目指していて、定年退職年齢を引き上げる会社も出てきているんだよ。寿命が90歳以上だとすると、60歳で退職したら死ぬまでに30年以上もある。老後というには、長すぎると思わないかい？ **ミライ君が60歳になる頃には、『定年退職』という言葉は死語になっているかもしれない**」

「え!? じゃあ、僕らが60歳になる頃には定年がなくなってるってことですか？……一生働き続けないといけないんですか？」

「一生じゃないけれど、少なくとも70歳ぐらいまでは、社会とつながりをもって活躍することになるだろうね。働く高齢者が増える背景は2つあって、まず、1つは**圧倒的な人手不足になるからという社会の事情がある。**『生産年齢人口』（＝15～64歳）は、総人口の減少を上回るスピードで減っていくんだ。2024年の時点で、国民の約3人に1人が65歳以上、約6人に1人が75歳以上になるから、高齢者も働かないと世の

中がまわっていかなくなるというのは想像できるよね？　**未来の職場では、20～30代の若手社員が少ない代わりに、50～60代の社員が主力になる可能性も**ある。もう1つは、あまりの高齢化に年金制度が追い付かず、老後の暮らしに不安を感じている人が増えてきていることがある」

「若い世代が減るから人手不足になるのはわかります。AIや外国の人が労働力不足を解決してくれるわけじゃないってことも教わったし」

「働く世代が減少するということは、社会保障制度の担い手も減るということだよね。そこで**政府には、高齢者に社会保障サービスの受け手から担い手になってもらいたいという思惑もある**んだ。あくまで個々人の選択に委ねられてはいるが、政府は年金の受給開始年齢を75歳にまで拡大することを決めた。現在は65歳以上を高齢者としているが、学者などからは高齢者の定義を75歳に引き上げて、65～74歳は『准高齢者』として社会の支え手として捉えようという提言もなされているんだ。試しに計算してみたところ、高齢者の定義を75歳に引き上げたならば、高齢化率は2065年には38.4％になるはずだったのが、25.5％まで下がることになる」

「でもそれって根本的な解決にはなってないですよね……。老後はのんびりしたいと思っていたのに、ずっと働かないといけないなんて。正直、想像できません」

世界に“定年退職”はない？

外国を見てみると、定年制がある日本は珍しいケース。決まった年齢で退職しなければいけないのは、年齢による差別にあたるというのが世界的なスタンダード。

「そう思う人ばかりではないよ。内閣府の意識調査によれば約6割の高齢者が70歳以降も働くことを希望しているんだ。昔、平均寿命が70歳くらいだった頃の世のお父さんたちは60歳手前で退職して、家でごろごろしているところを『濡れ落ち葉』なんて揶揄《やゆ》されたりしていたけれど」

「……なんかわかるけど、それ、言われたくないなぁ」

「でも、実際には『やりがい』の問題というより『働かざるを得ない』という人が増えるという事情のほうが大きそうだけどね。人手不足となるのもさることながら、個々人の立場に置き換えれば老後に公的年金だけで生活していくのはかなり難しいという現実があるんだ。少しでも長く収入を得ていたいということだね」

「そういえば、年金だけでは老後の生活費が2000万円足りないなんてことが話題になってましたよね」

「その話については、後ほど〈お金の未来〉の章で詳しく説明するけど、私は講演先などで、『貯蓄が何千万あればいいのか？』なんて質問をたびたび受けるよ。現役時代に潤沢な老後資金を貯蓄できるんだったらそれに越したことはないが、誰もができるわけではない。それよりも、**少しでも長く収入があり続けることのほうが心強いし、現実的**なんだ。65歳で退職金を1000万円もらって仕事を辞めてしまうのと、65歳以降、それまでより低くなったとしても毎月20万円の給料をもらって働き続けるのとでは、どちらを選ぶべきだと思う？　目先の大金か継続して入るお金か――ストック（貯蓄）よりもフロー（収入）を重視したほうがいい。寿命が延びていくことを考えると長く働くことは必須になってくるんだ。**60歳以降は老後ではなく『セカンドキャリア』**なんだと発想を切り替えて」

「定年を延長するかどうかっていう選択だけじゃなく、違う仕事に就いたり起業したりしてもいいですよね」

何歳まで働ける？

70歳以上も働ける制度のある企業の数は、→

4万6658社！

（従業員31人以上の企業約16万社のうちの割合）

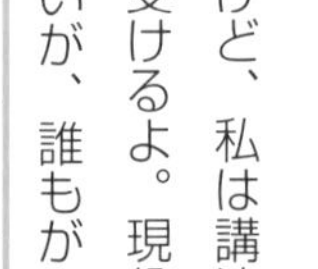

厚生労働省「高年齢者の雇用状況（2019年）」より

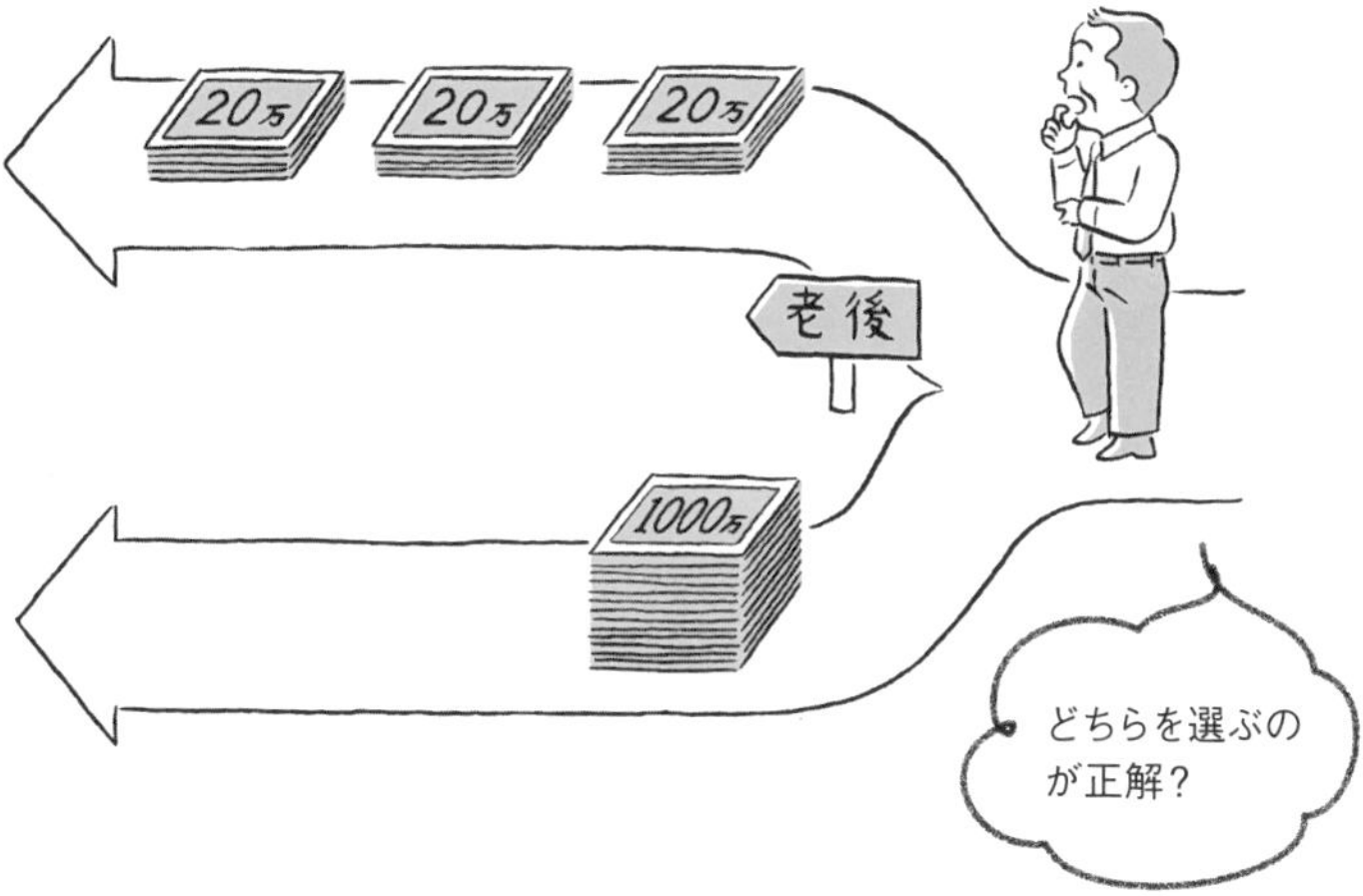

「そうそう。1つの分野で熟練することはもちろん大切だけど、若いうちから副業や兼業を経験するのもいいことだと思うよ。ミライ君世代は、1つの会社のなかで出世するための努力だけじゃなくて、さまざまな分野で活躍できる〝複線型人材〟になるための努力をすべきなんじゃないかな」

「でも、60歳になったとき、働きたくても働ける元気がなかったり、病気になっていたらどうしよう……」

「ミライ君は自身のお父さんやお母さんを見ていて、どう思う？　リタイアするのはもったいないくらい元気なんじゃないかな」

「たしかに、そうですね。老人ってい

う感じではないです。父は週5でジムに通っていて、僕より体力もありそうだし」

「**高齢者のイメージ、シルバー像そのものが昔とは変わってきている。**スポーツ庁の資料によれば、高齢者の体力、運動能力はこの10年余りで約5歳若返っているんだ。ただし、平均値が若返ったからといって、誰もが同じくらい元気というわけじゃない。60歳を超えると個人差が大きくなってくる。最近、『健康寿命』という言葉をよく耳にしないかな？　**ただ長生きするだけじゃなくて、いかに長く元気に活動できる状態でいるか**がポイントなんだ。若い人たちも、将来のために30代ぐらいから健康面での備えがいっそう大切になってくるよ」

「健康でいる以外で、高齢になったときのために今からすべきことってありますか？」

「勘違いしてはいけないのが、働く期間が延びても、若い期間が延びるわけではないということ。老後期だけが長くなるんだ。昔より体力が向上しているといっても、誰でもある程度の年齢になれば小さい文字が見えなくなったり足腰が弱ったりと、体の機能は衰えはじめる。根気もなくなってくる。仕事のスキルが熟練していくのと、体力は反比例するわけだから、そのバランスをとっていく必要がある。何歳になっても自分の価値が損なわれないように、能力を磨き、実績を重ねていかないとね」

新しい日本!

勤労世代が減り、老後が長くなった → 長く働かざるを得ない社会に

[60歳以降の雇用延長の方法]

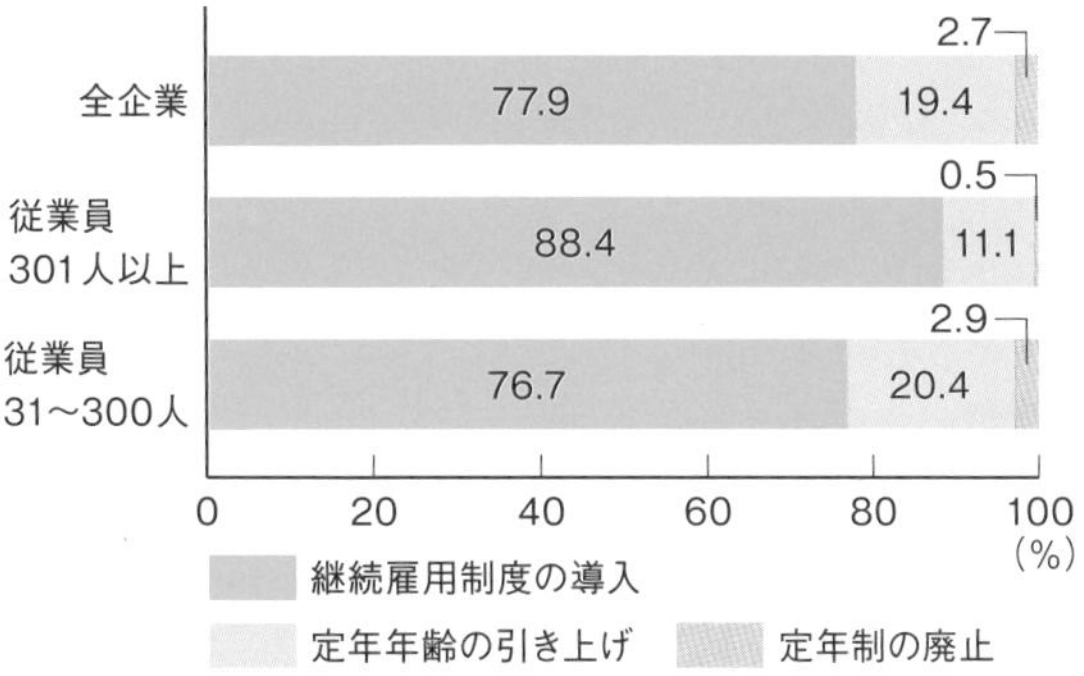

厚生労働省「高年齢者の雇用状況」(2019年) より

POINT!

定年がなくなる理由 1

社会全体で労働力が足りなくなる。高齢者も元気で働けるうちは社会の支え手として活躍するのが当たり前に。

定年がなくなる理由 2

年金だけを頼りにしていたら、長い老後の生活費はまかなえない。十分な貯蓄(ストック)を目指すよりも、収入(フロー)が続くこと、働き続けることを目指すほうが現実的。

↓

高齢になって多少パフォーマンスが落ちても必要とされる人材でいられるよう、仕事の能力を磨き、自分の価値を高める

働き方の未来

TOPIC 6

年功序列や終身雇用は過去のもの。

給料はもう上がらない？ 日本の賃金

「大学院で情報工学を学んだ妹の
初任給は、今の僕の給料よりも高い！」

いままでの賃金モデルは、もう当てはまらない。働くということの価値が大きく変わる

「聞いてください!! 河合さん。新卒1年目の妹の給料が、僕よりずっと高いことがわかったんです。僕のほうが社会人の先輩なのに! そりゃあ妹は理系の大学院を出ているし、業種もまったく違うけど、だからって……ショックです」

「そうか。それは兄としてはちょっと辛いところだね。でも、これからはあちこちでそういうことが起こってくると思うよ。デジタル技術の進歩はすさまじく、高度な技術を勉強してきた新卒者に対して、特別に高い年収を提示する企業も出てきた。**年齢や社歴が上だから給料も上という年功序列的な考え方は、もう通用しなくなる**」

「成果主義を取り入れている企業も多いですね。うちの会社はあいかわらず、年功序列です。でも、そのわりに何年勤めていてもあまり給料が上がらないなぁ」

「だとすると、ミライ君のお給料はしばらく上がりにくいかもしれない」

「えー! そうなんですか!?」

「これから勤労世代が減っていくというのはわかったよね。じつは、その少なくなる**勤労世代のなかでも高年齢化が進む**んだ。〝高年齢化しながら減っていく〟といえば

わかりやすいかな。２０１５年の国勢調査によれば、20～29歳の人口は１２３８万人なのに対し、30～49歳が３４００万人、50～64歳は２３９０万人。このうち全員が仕事に就いているわけではないけど、おおよそ３分の１がすでに50歳以上だ。２０４０年には約４割が50歳以上になるとみられている」

「うちの会社でも20～30代より40～50代の人数のほうが多いかも」

「２０２４年は人口ボリュームの多い団塊ジュニア世代（１９７１～１９７４年生まれ）がすべて50代になるタイミングだ。会社側としては、これから50代社員の人件費が膨らんで会社経営を圧迫しかねない。50代の給与を下げる企業も増えてきてはいるが、同時に今の若い世代の昇給も抑えざるを得ないのが現実だ。ミライ君の給料が思うように伸びないとすれば、背景にはそういう事情があるかもね」

「給料が上がらないと思うと、なんだかやる気が出ません。本当に定年まで今の会社で働いていけるのかな」

「ミライ君たちの世代は転職への抵抗感はどれぐらいあるのかな。今後、人口が減っていけば、企業の数自体も減っていく。昔に比べて技術革新は速く、産業構造の転換も起こりやすい。いままでのように**1つの会社で勤め上げることを前提に、50代に向けて上昇していくような賃金カーブをイメージした働き方は不可能になると思うよ。**

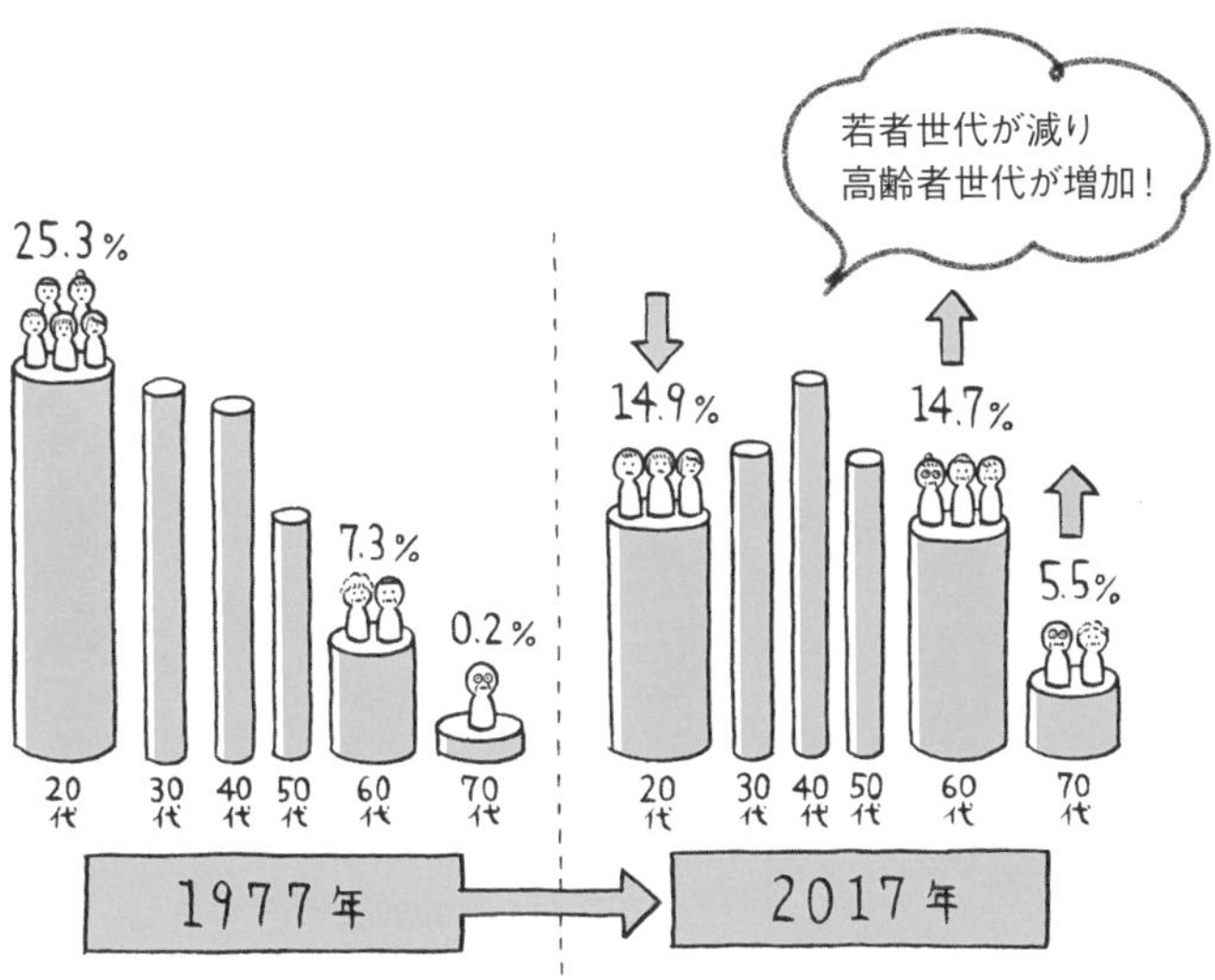

終身雇用とか生涯賃金という考え方そのものがなくなっていくだろう」

「妹のように優秀な人材なら転職市場でも有利だろうし、いろいろな働き方ができると思います。でも、僕は……」

「自分はこんなものだと、早々にあきらめることはないよ！　少子高齢社会では、なんといっても**若いというだけで大きな価値になる**のだから。いくらでもやりようがあると思わなくちゃ」

「そ、そうでしょうか」

「どの業界も、若い人材を確保するのに必死になっている。いくら高齢者が元気だとはいっても、やっぱり若い人にしかできない仕事はあるし、若くなければ新しい発想も生まれづらいからね」

賃金カーブは変わっていく

新卒入社時から50代前半にかけて賃金が上昇するのがこれまでの賃金カーブだったが、ベテラン世代が増え、このモデルは崩壊し始めている。今後は年齢にかかわらず成果が大きく評価されるだろう。

「僕らの世代やもっと下の世代の働き方は、どう変わっていくんでしょうか」

「まず、**副業、兼業といったダブルワークは、ごく当たり前になる**んじゃないかな。副業・兼業は法規制されているわけではない。多くの企業の就業規則のベースとなる厚労省のガイドラインが見直され、副業・兼業の規定が設けられた。まだ容認している企業は少数派だけどね。でもね、これから人口が減って採用が難しくなっていくなかで、企業としても優秀な人が流出するのは避けたいはず。そうすると、そういう人の賃金は上げざるを得ないだろうし、兼業で複数のキャリアを持つことも認めざるを得なくなっていくだろう」

「そうか。会社としても、辞められるくらいなら兼業を認めたほうが得ってことですね」

「そして、ダブルワーク、トリプルワークというと、少ない給料を補塡するためのものと思われがちだけど、じつは個人がお金を稼ぐ目的のためだけじゃないんだ。そもそも**人口が減った社会がまわっていくには、1人が何役もこなさなければいけない。**たとえば月〜木曜は東京の企業で働いて、週末は地方自治体の職員としてイベントを運営するとか。オフィスにいなくても働けるテレワークなどが広まれば、離れた地方の仕事をかけ持ちすることもむずかしくなくなってくる」

「住んでいる場所だけじゃなく、いろんな地域でいろんな役割を担うのって、ちょっ

正規と非正規の問題はどうなる？

2020年4月、正規雇用と非正規雇用の不合理な格差をなくすため「同一労働同一賃金」が施行された。しかし、正規雇用者の手当廃止の動きも見られ、非正規の処遇が正規並みになるというよりも正規雇用の収入が減る結果に終わるという見方も。

と楽しそうですね。自分に意外と向いている仕事を見つけられるかもしれない」

「**異業種や違う土地の人同士が関わることで、新しいこと、イノベーションが起こりやすくなるという効果もある**だろう。個々の能力が既存の枠組みにカチッとはめ込まれているような時代はもう終わり。人口が減っていく時代には、固定化された社会より、流動的な社会のほうが活性化しやすい。すでに、複数の企業や大学などが連携して商品開発を進める『オープンイノベーション』といった取り組みも広がっているよ」

「少し希望がわいてきました。あ、でも、若いことが価値になるとはいっても、それだけじゃダメなんですよね？」

「年齢や職種にかかわらず、**いかに必要とされる人になれるかがポイントだね。**専門性に限らず、仕事に求められる能力にはさまざまなものがある。経営者とか技術者だけじゃない、誰かのサポートをする役回りだって、すごく大切だよね。超高齢社会では、消費者に寄り添うコミュニケーション能力もますます必要とされるしね」

「AIがどんなに発達しても人間の力が必要だっていう話（P54）を思い出しました」

「そうそう。そして人の力が貴重になる社会では、仕事における性差別や年齢差別などはなくさなければいけなくなる。誰もが活躍しないとまわらない社会は、女性だって障害のある人だって、高齢者だって働く意欲を持っているならばあらゆる人にチャンスがあると言える」

「誰もにチャンスのある社会、と想像すると明るい気持ちになれそうです。僕はとりあえず、今の仕事をがんばるところからかな」

「そうすればきっと、『僕にはこんな能力があって、社会に貢献している』と自信を持って言える日が来るよ」

新しい日本!

労働市場における「若さ」の価値 → 年功序列的価値観の終わり

[総人口に占める20代の割合]

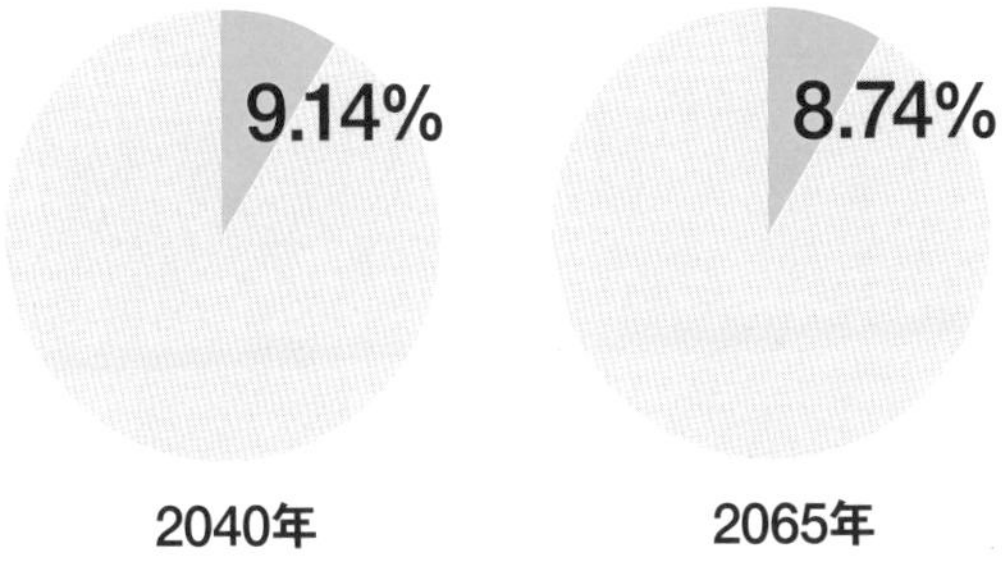

国立社会保障・人口問題研究所
「日本の将来推計人口」（2017年）より

POINT!

- □ 減少する勤労世代のなかでも高年齢化が進む
- □ 団塊ジュニア世代が50代になり、企業の負担増
- □ 終身雇用を前提にした年功序列の賃金体系はなくなる
- □ 副業・兼業が当たり前になる

↓

働くことの価値が大きく変わる。
誰もがさまざまな場所で
自分の能力を活かせる時代に

世界に目を向けてみると

人口が減っていくのは日本だけじゃない

日本の合計特殊出生率は1.42（2018年）だが……

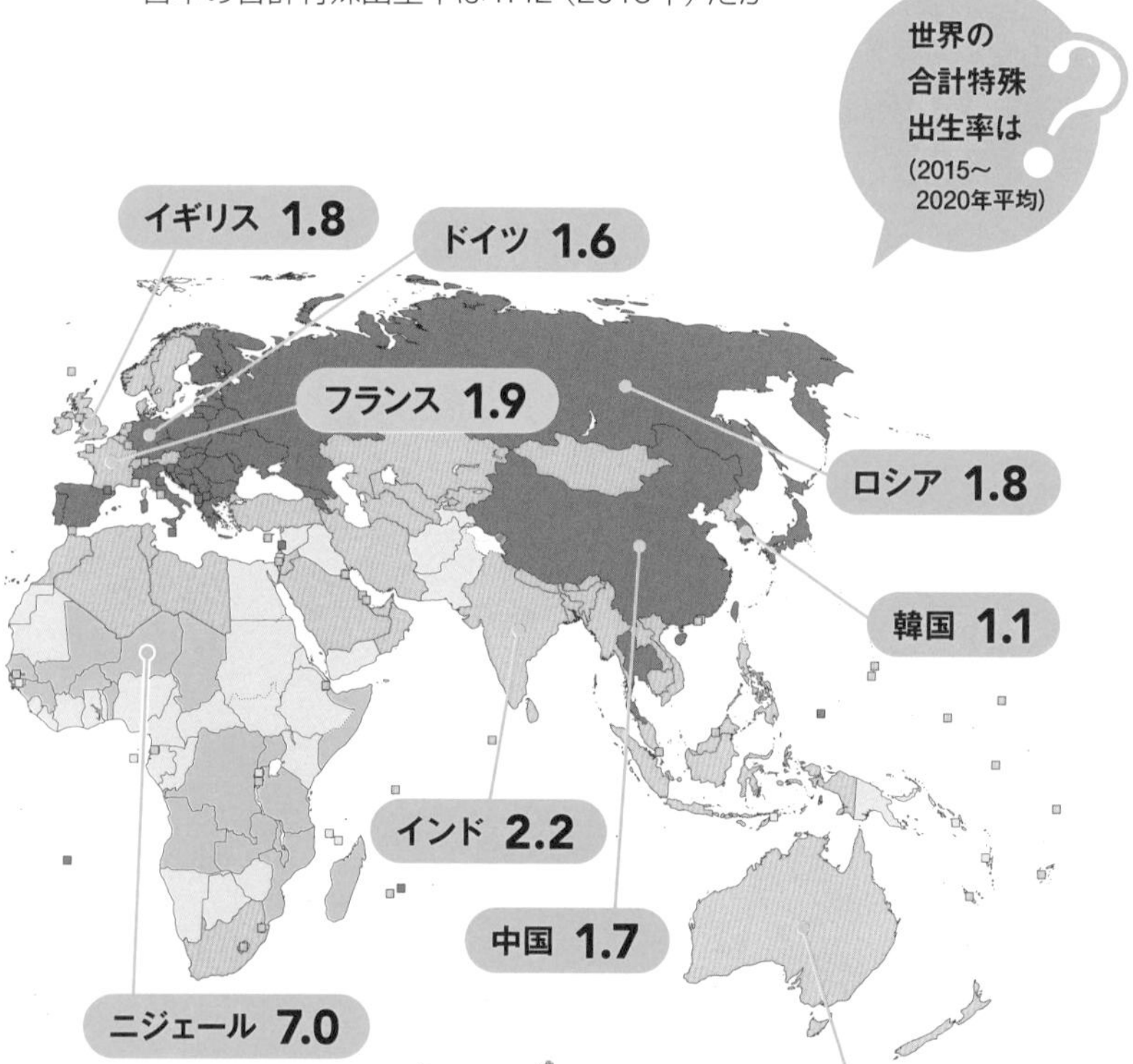

人口増加し続けていると
思われがちな中国やアメリカですら
少子化傾向にあることがわかる

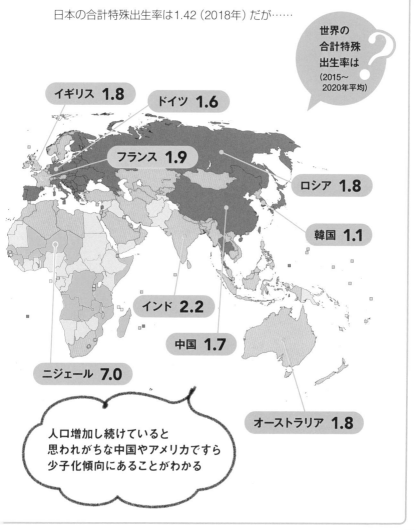

少子高齢化で人口が減るのは日本だけなのかというと、そんなことはない。国際連合は、今のところ増え続けている世界人口も2100年までに増加が止まるか減少を始めると推計している。2019年から2050年にかけて55の国と地域で人口が1%以上減少、そのうち26の国と地域では10%以上減少する可能性も。国連の推計よりも早く、2060年頃をピークに世界人口は減っていくとの見方もある。

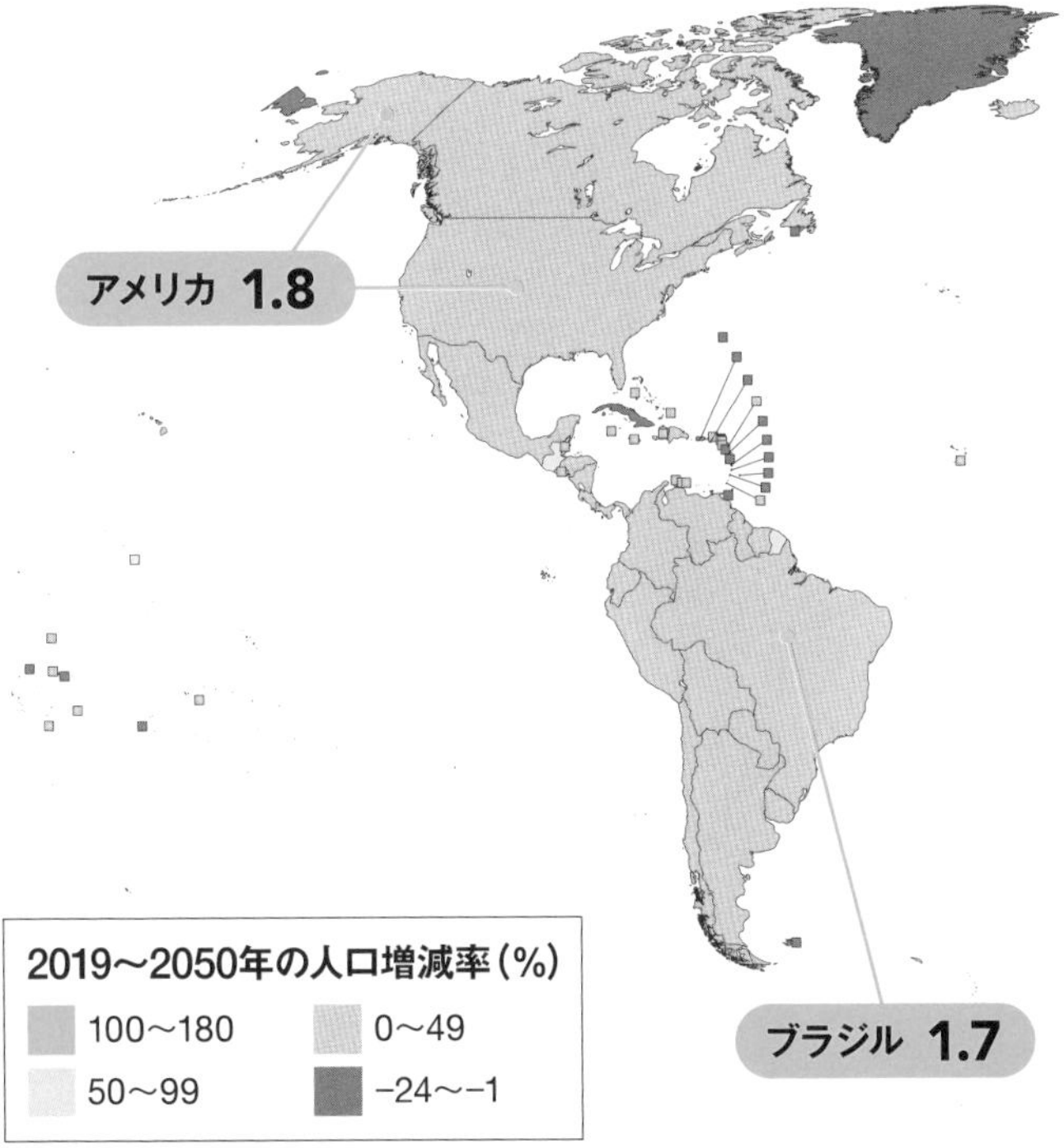

国際連合経済社会局「世界人口推計2019年版」より

家族の未来

TOPIC 7

老老介護、認認介護だけじゃない。

若い世代が直面するダブルケアとは？

「僕が子どもを持つ頃、うちの母の年は……
子育てと介護が一度にきたら大変だ！」

介護保険財政はあっぷあっぷの状態。これからは在宅介護が主流に？

「最近、両親がよく話題にしているのが、ひとり暮らしの祖母の介護についてです。今はまだ自分で買い物にも行けるようですが、介護が必要になったら、うちの母が同居することになるかもしれないって。母はもう60代なのに、これから介護を任されるなんて大変だなと思います」

「**65歳以上の人が介護を担う〝老老介護〟が増えている**ね。老老介護にはいくつかのパターンがあって、①高齢の夫婦間での介護、②高齢の兄弟・姉妹間での介護、あとは③高齢の子やその配偶者がさらに高齢の親を介護する、というケースだ」

「数年後にうちの母が祖母を介護することになったら、3番目のパターンだ」

「厚労省が2016年に、要介護者（介護を受ける人）と同居する介護者（介護をする人）の年齢を調査したんだ。それによると、65歳以上同士の組み合わせ、つまり**老老介護をしている世帯は、要介護者がいる世帯のうち54・7%を占めている。**いまや、**介護する人もされる人も認知症という〝認認介護〟も珍しくない**」

「認知症の人が認知症の人を介護するなんてできるんですか……？」

「ひと口に認知症といっても、いろいろなケースがあるからね。介護が必要と思われる独居の高齢者が今後増えてくる可能性も大きいし、なんらかの対策が急務なのは確かだよ」

「僕も初めは、『おばあちゃんが要介護になったら、施設に入ればいいんじゃない?』なんて簡単に考えていたんですが、介護保険で利用できる公的な施設はどこもいっぱいで、なかなか入れないみたいですね」

「2019年4月時点で、特別養護老人ホームの入所待機者は29万2487人。これが2025年には約43万人、2040年には約47万人になるという試算もあるんだ。一方で政府は、介護保険財政が破綻しないように在宅介護を推進しているんだ。施設数は増やす計画だが、そもそも入所できる要介護度の基準を厳しくする政策も進めており、希望すれば全員入所できるといった状況は今後も見込めない。**こうした〝門前払い組〟を含む介護難民は増え続ける**とみられているよ」

「気が重くなる話ですね。僕が親の介護をするのはまだまだ先だと思うけど、仕事をしながら在宅介護なんてできるのかな」

「まだまだ先って言うけど、ミライ君が介護を担う時期は、案外早くやってくるかもしれないよ」

老老介護の実態

要介護者と同居している主な介護者のうち、60歳以上の割合は男女ともに約7割!

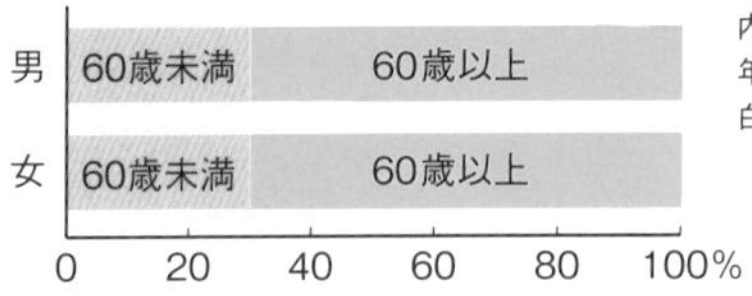

内閣府「2019年版 高齢社会白書」より

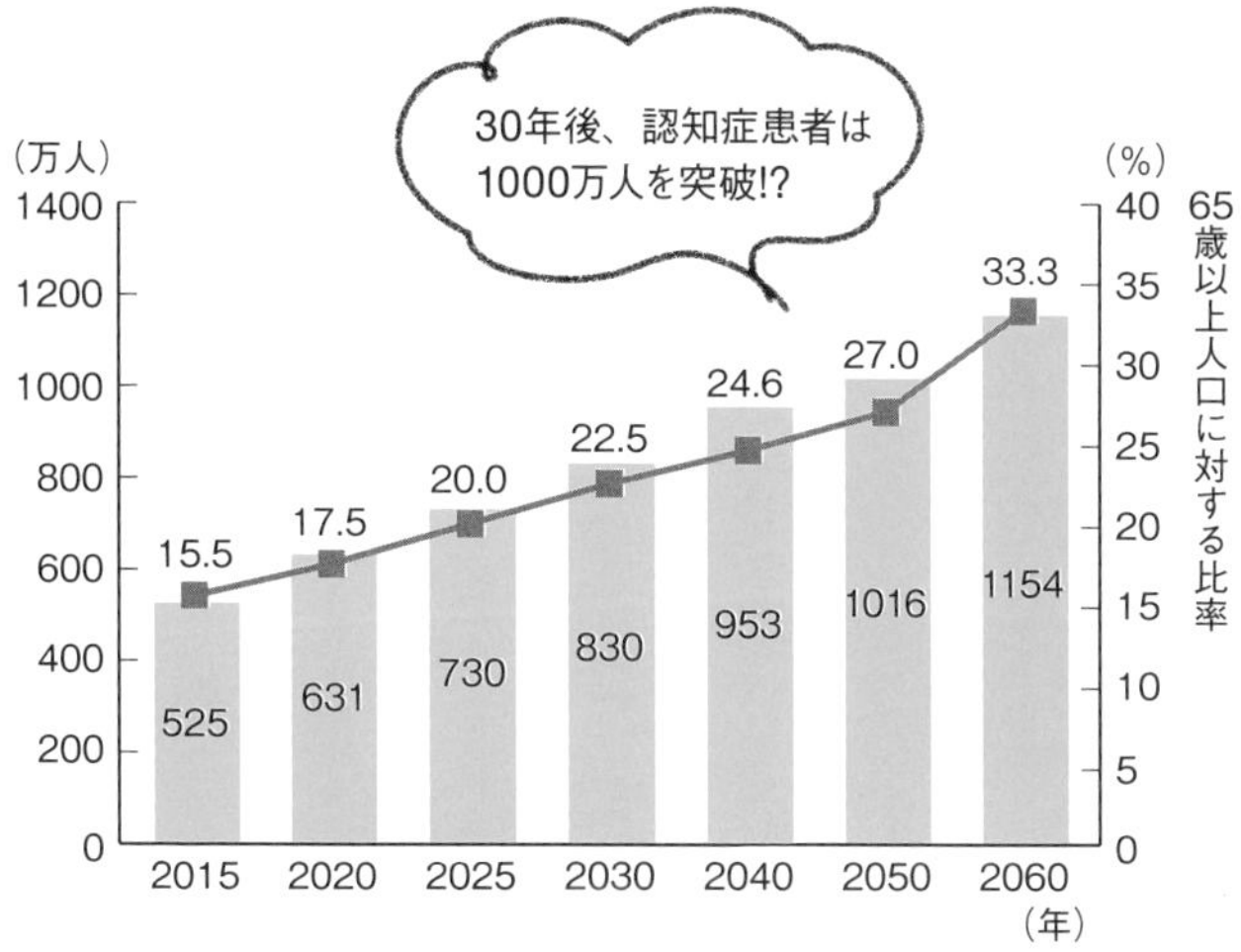

内閣府「2017年版 高齢社会白書」より

「そうでしょうか？　両親はほぼ60歳ですが、元気です」

「ミライ君のお父さん、お母さんは、晩婚・晩産が進み始めた90年代に結婚・出産をした世代。ご両親が80歳のとき、ミライ君はまだ50歳くらいだろう？　**働きながら介護に直面する可能性は大きい**といえるんじゃないかな」

「ほんとうだ。20年後にはもう親が要介護になるとして、その頃、僕はどうしているだろう。えっと、仕事はやめるわけにいかない。結婚して子どももいるかもしれないけど、その妻もたぶん働いているから、介護を任せるのもむずかしいだろうし……どうすればいいんだ!?」

「まず言いたいのは、夫も妻も、介護離職は避けなければいけないということ」

「でも、施設に入るのは簡単じゃなさそうだし、そもそものためのお金が払えるかがわからないし、となると誰かが家で介護しないといけないですよね」

「少子高齢化とは家族がいなくなることが問題なのに、在宅介護の流れを強めようとしている政府の政策には無理がある。政策を転換してもらいたいところだね。現状においてミライ君の世代に伝えておきたいのは、介護は終わりが見えないのが大変なんだ。だからこそ、資金がつきないように仕事はやめちゃいけないということだ。じつは在宅介護が労働市場にも影響を及ぼすという点も忘れてはいけない。介護を抱える人がみんな退職してしまったら、ただでさえ少ない働き手がどんどん減ってしまうことになるから困るんだ。**介護休暇の充実、転勤の廃止、リモートワークの拡大など、企業としてやらなければならない対策はいろいろとある**」

「これからは働き方が変わるから、介護のために仕事を続けられないなんてことはなくなるかもしれないですね。そこはひと安心」

「もう1つ、ミライ君世代に立ちはだかる壁がある。〝ダブルケア〟だ」

「ダブルケアって、なんですか？」

「介護と育児を同時に行うことだよ。内閣府の2016年の調査では、男女ともにダ

晩婚・晩産化と高齢化の結果のダブルケア

30代半ばに結婚 → 出産 → 50代でも育児中 → どちらかの親(80代)の介護

＝ 子どもの教育資金 ＋ 親の介護資金 → 在宅介護で仕事の継続が困難に!?

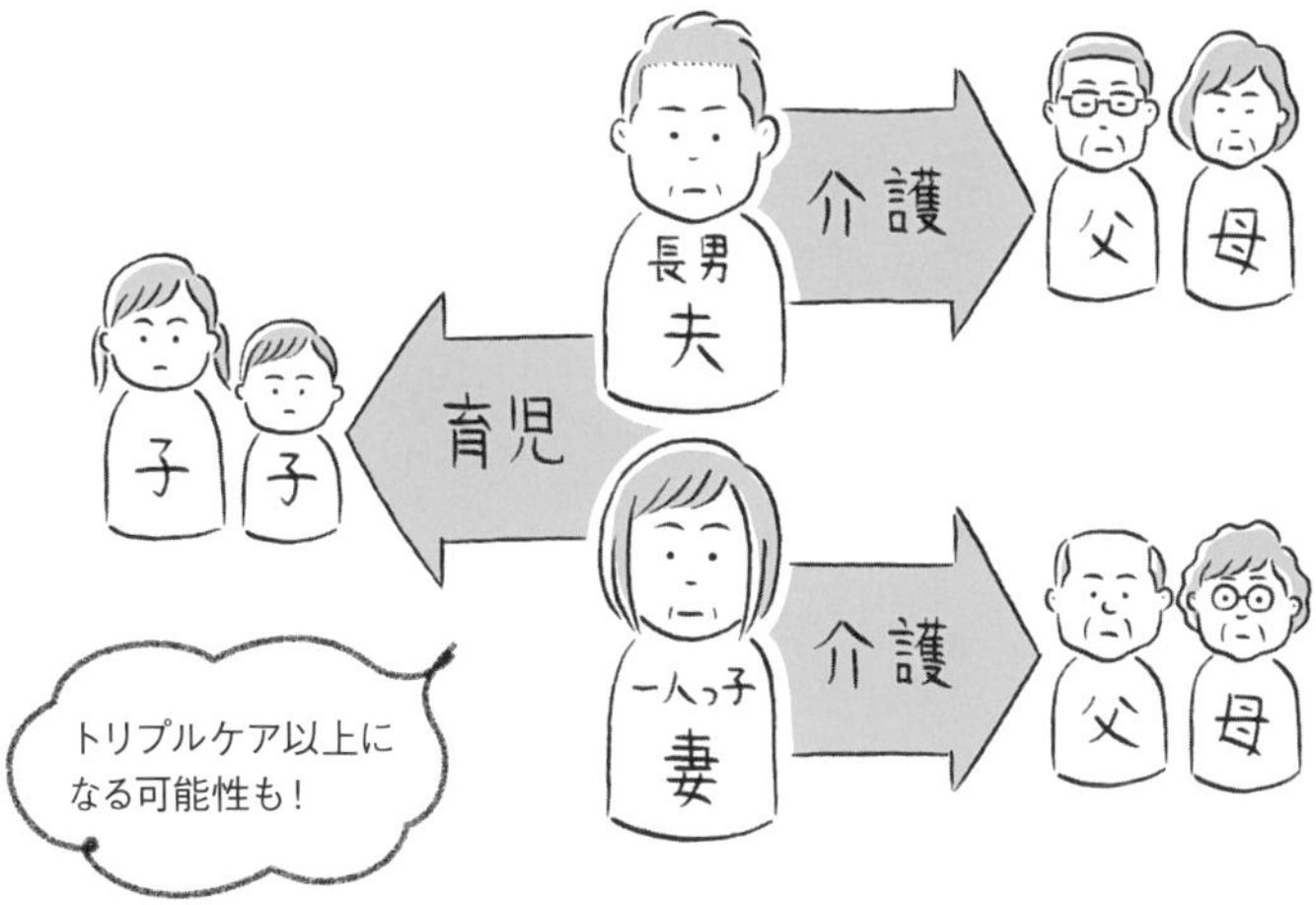

ブルケアをしている人の約80%が30～40代。男性が32・3%なのに対し、女性が48・5%。現状では女性のほうにより多くの負担がかかっているね」

「**介護と育児でダブルケア**か。たしかに、僕も可能性ありますね。いつ結婚するかわからないけど……」

「ダブルケアになってしまう要因は、まさに晩婚・晩産なんだ。たとえば、ミライ君が結婚して、30代後半から40歳くらいにかけて子ども2人を持ったとしたら、まだ子どもたちに手がかかる頃に、親たちは70代。ミライ君夫婦は、育児まっ只中に介護も抱えることもあり得るんだよ」

「大変じゃないですか。**結婚・出産が**

遅くなると、親の介護が必要になる時期と子どもを育てる時期が重なってしまうんですね。そんなこと、考えてもみませんでした」

「それだけじゃない。同時に2人以上の高齢者を介護するという〝ダブルケア〟もあり得るんだ。すでに少子化が進んでいることを考えると、介護の担い手であるミライ君たちはたいてい兄弟・姉妹が少ない。一人っ子同士で結婚したとすると、夫婦2人に親4人。4人の親たちが一度に要介護にはならないとしても、同時に2人を介護することはあり得る。そうなると、**ダブルケアどころではなくトリプルケア、という事態になってしまう可能性も大きい**んだ」

「ひえー！　それはとてもじゃないけど無理ですよ！　それこそ、ダブル、トリプルのパンチって感じですね。今でも介護施設や介護職の働き手は足りていないっていうのに、この先、もっと高齢者が増えたら……、もう思考停止しそうです」

「脅かすような話ばかりで申し訳ないね。でも、誰もが適切な介護を受けられるような方法、助け合う仕組みを考えなければいけない。政府も在宅介護などといわず、地域ごとに集中的にケアを受けられる高齢者施設を造ったほうが、必要となる介護スタッフも少人数で済み、結局は介護費用も抑えられると思うんだけどね。介護はすぐに向き合わなければいけない大問題だということをわかってもらえたかな」

新しい日本！

老老介護から認認介護、そして育児と介護のダブルケア問題

［ダブルケアを行う女性は、男性のほぼ倍！］

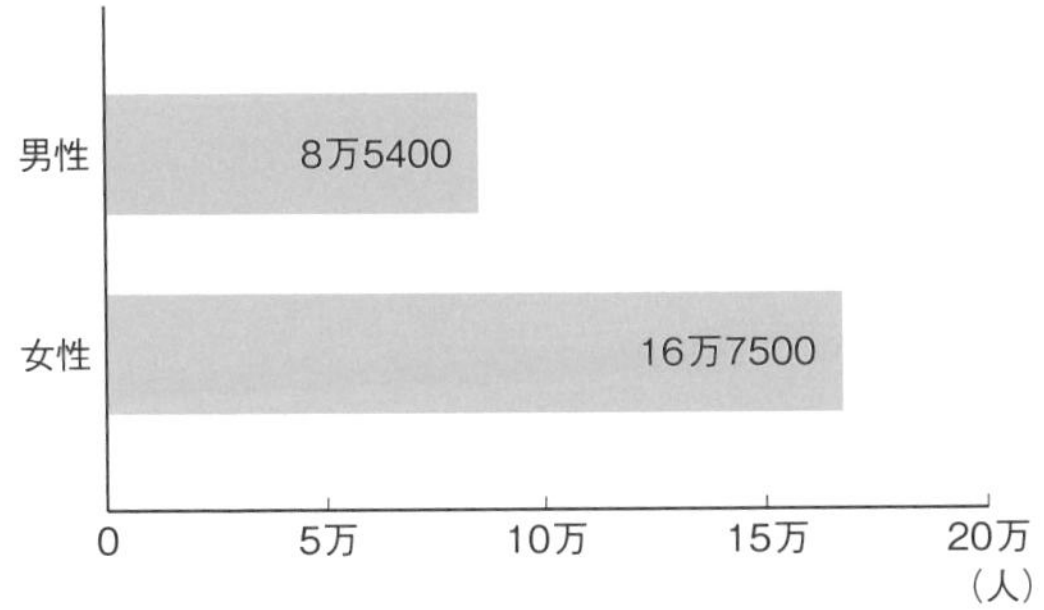

内閣府男女共同参画局
「育児と介護のダブルケアの実態に関する調査報告書」より

POINT!

□ 老老介護、認認介護は増え続ける

□ 介護保険財政が逼《ひっ》迫《ぱく》し、行政サービスは縮小。多くの人が在宅介護せざるを得ない状況に

□ 晩婚・晩産の影響で、介護と育児のダブルケアを担う人が続出

↓

- **働き盛りの人が育児＆介護離職しないよう、働き方の見直しが必要**
- **ダブルケアにならないためのライフプラン＝資金プランを立ててみる**

家族の未来

TOPIC 8

こんなところにも少子高齢化の影響が……

墓地も火葬場も足りない！問題

「父方も母方も、お墓の場所が遠すぎて
なかなかお墓まいりにも行けない」

高齢社会の次にやってくるのは「多死社会」。すでに都市部では火葬が1週間待ち!?

「最近よく聞く〝墓じまい〟って何ですか？　父と叔母が話していたので気になって」

「お墓を撤去して、遺骨を永代供養墓などに移すことだね。今、**故郷にあるお墓を守る人がいなくなって、仕方なく墓じまいをする人が多い**と聞くよ」

「なるほど。うちのお墓も父の故郷にあるけれど、親戚はみんな東京に住んでいます。僕も最後にお墓まいりに行ったのはいつだったっけなぁ、いつか祖母や親戚の誰かが亡くなるとしても、きっとお葬式は都内でするんじゃないかな」

「そのお葬式自体に変化が表れているんだ。高齢者が増えるということは、1年間に亡くなる人の数もそれだけ増えるということだからね。**高齢社会のあとには〝多死社会〟がやってくる**」

「これからも長生きする人が増えるわけだから、その多死社会がくるのは、だいぶ先なんじゃないですか？」

「そうだね。ピークはまだ先だけど、2018年の死亡者数は136万2482人で、前年よりも2万人以上増加している。ピークを迎えるのは、おそらく2039年頃。

約20年後には年間167万9000人もの人が亡くなるという推計があるよ。当然、斎場や火葬場はいまの数では足りなくなる。とくに高齢化が急速に進む東京圏では、もうすでに斎場や火葬場がいっぱいで1週間以上待たされるケースも出てきているんだ」

「お葬式をするのに1週間待ち!? それなら、もっと葬儀場や火葬場を造ればいいのに。この先もたくさん需要があるはずですよね。葬儀会社は確実に儲かるのでは」

「いや、そうは簡単にはいかないんだ。こういう施設を建設するとなると、必ずといっていいほど地域住民から反対の声があがる。それに、葬儀会社が儲かるかどうかも、ちょっと怪しくなってきているんだよ」

「どうしてですか?」

「お葬式は亡くなった本人ではなく遺族が出すものだよね。**少子化、高齢者の高齢化によって、これからは誰かが亡くなってもお葬式を出す人がいない、参列する人がいない、**ということが起こってくるだろうと予想されるんだ」

「家族や親戚がいなくて、孤独死する人が増えるってことですか? それって、なんだか悲しい」

「ゆくゆくはひとり暮らしの高齢者が増えていくと話したけれど(P48)、現在は、まだどこかに家族がいて、単に別々に住んでいるという人が多い段階。それが、**超高齢**

お坊さんも足りない!

宗教年鑑2019年版によると、7万5000以上ある全国の寺院のうち、常駐する住職がいない寺院は1万2065ヵ所にのぼる。また、朝日新聞の調査(2015年)によれば、別の寺の僧侶が住職を兼ねる「兼務寺」は1万496ヵ所、住職がいない「無住寺」は1569ヵ所だった。経営が成り立たない寺院は消滅してしまう可能性も。

[死亡者数は2040年前後がピーク]

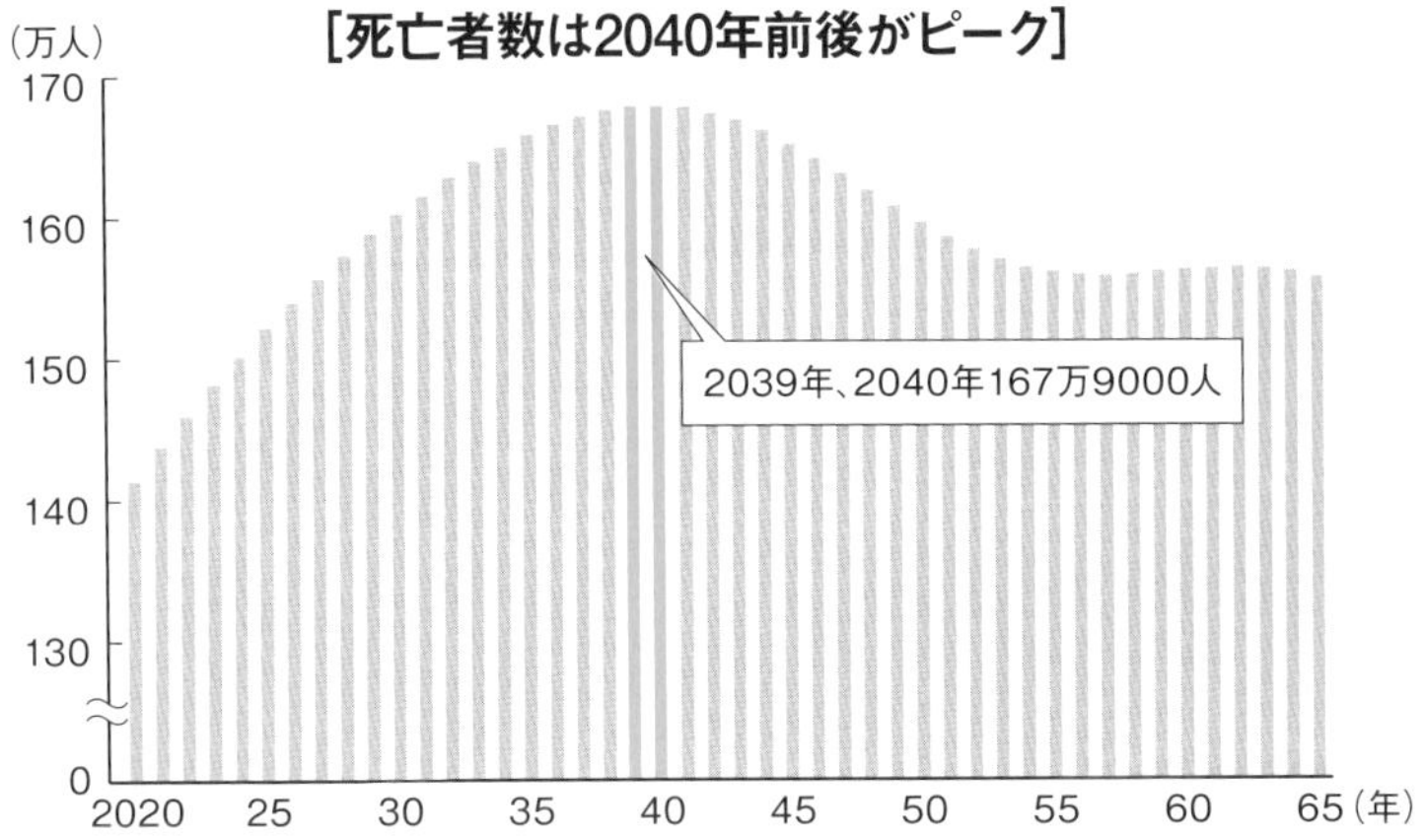

国立社会保障・人口問題研究所「日本の将来推計人口」(2017年)より

化が進んでくると、身寄りのない人も増えそうだ。さらに子どもが親を送り出すということが当たり前じゃなくなるかもしれない。90代の母が生きていて、70代の息子が先に亡くなるということだって珍しくはなくなるだろう。子どもに先立たれたのでは、90代の親が亡くなってもお葬式を出す人はもういない。90代の人のお葬式となると参列者のほうも高齢者が増えるだろうから、外出もままならず参列者が極端に少ないなんて状況も予想されるよね」

「そうか……高齢期に孤独になるのは生涯独身だったり、子どもがいなかったり、という人のイメージがあったけど、**子どもがいる人でも最期は1人に**

なってしまう可能性があるんですね」

「それが〝超長寿〟というものの現実なんだ。**親族が全くいないという場合は自治体による直葬となり、日本中に無縁墓が増えていく**だろう」

「直葬って、普通のお葬式とどう違うんですか」

「お通夜やお葬式を行わずに、火葬のみをする葬儀のかたちだよ。火葬式ともいうね」

「そういうかたちもあるんですね。火葬場が足りなくなるっていうのに、なんだか皮肉な話だなあ……でも、親族がいたとしても、参列する人があまりに少なかったら葬式も簡素なものでいいかなって思います。すごくお金をかけて葬式や告別式をするのって、有名人とか政治家くらいですよね」

「実際に、**〝親族〟そのものが昔と比べてすごく乏しくなっている**んだよ。子ども世代が一人っ子同士で結婚して、孫が1人いるくらいだとしたら、親族の数は片手で足りるほどになる。お寺の住職に聞いたところによると、葬儀の後に行う法事でも10人未満といった家族が増えてきたそうだ。10人以上いる場合は、この家族はずいぶん繁栄しているなという印象を持つほどらしい」

「葬儀場が増えない理由はそこですか。そもそも葬式を出す人が減ってるってことと、葬儀に来る人が少ない、つまりは葬儀会社も儲からないってことなんですね。そして

「8050問題」とは……

50歳時点で結婚していない「生涯未婚率」が高い日本。ひきこもりの子どもを持つ親が高齢化した末の8050問題（80代の親と50代の子の貧困化）とともに、将来的にはひとり暮らしの高齢者が増加し、孤独死も増えていくと思われる。

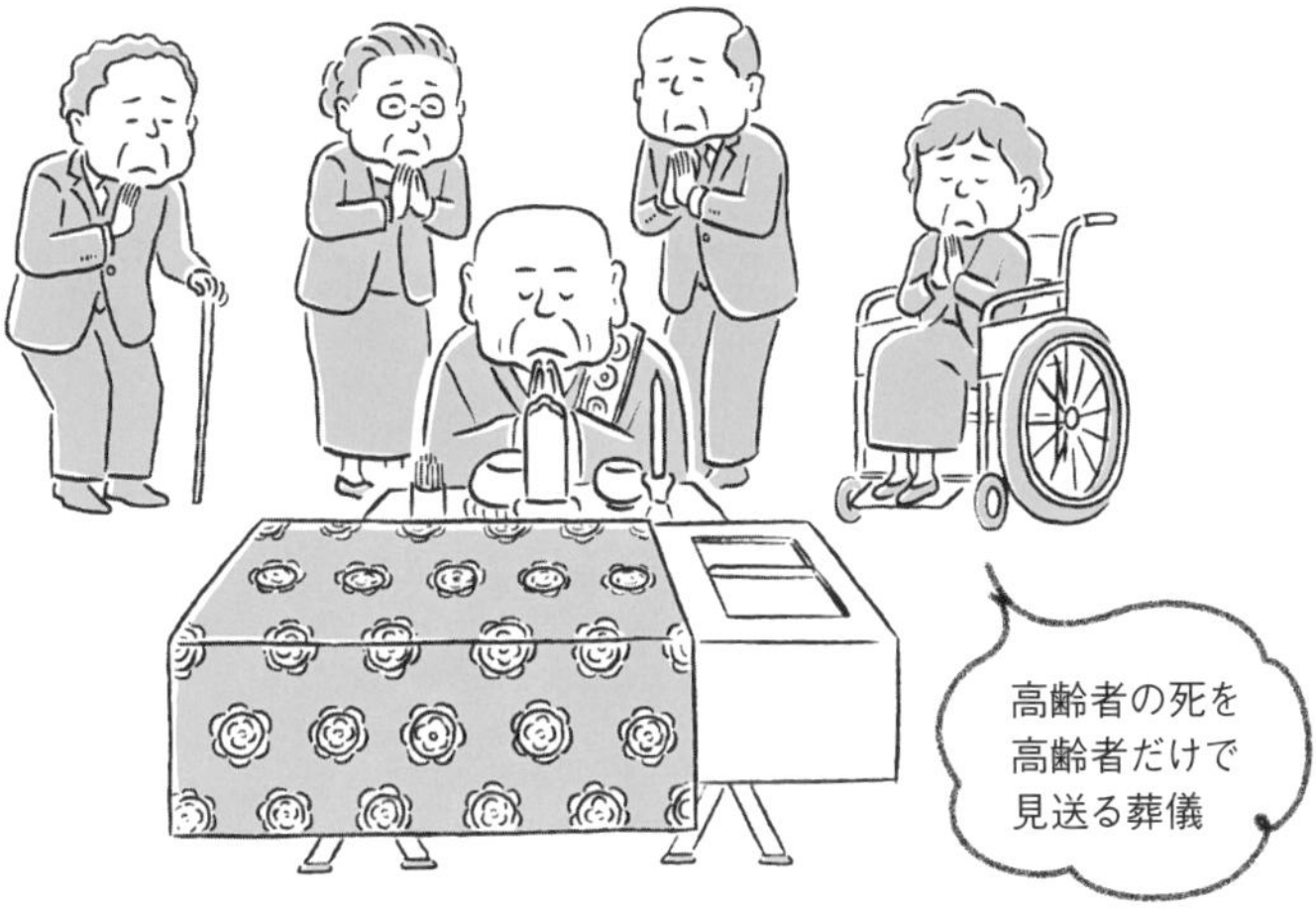

お墓を作ったとしてもおまいりに来る人がいない、と」

「もう少し深く考えていくと、問題は葬儀だけではないんだよ」

「えっ？　ほかにもあるんですか」

「寺院や教会などにも少子高齢化の波は訪れているんだ。仏教の場合、お坊さんの後継者不足がすでに問題で、後継ぎが決まっていない中で住職の高齢化が進んでいる。2040年には全国の寺院の3分の1が〝消滅する〟という推計まであるんだ」

「お寺が消滅してしまったら、法事もしてもらえなくなるし、困りますよね」

「廃寺にならなくとも、寺院を取り巻く経営環境は少子高齢化の影が忍び寄り、年々厳しさを増している。寺院の収入を支えるのは檀家や信徒だが、若い世代は都会に流出し、残った檀家は高齢世帯ばかりというところも少なくない。檀家が高齢化すると、必然的にお寺に納める金額も減るだろうからね」

「お寺の本堂の建て替えや修繕もできなくなるじゃないですか。お墓まいりに来る人もいない、管理をしてくれる人もいないとなったらお墓は荒れっぱなしですよね」

「そうだね。結果として、お墓は荒れてしまうだろうね。不謹慎に聞こえるかもしれないけれど、それが現実なんだ」

「さらに不謹慎ながら、うちの母が亡くなった場合をシミュレーションしてみると、えっと、父が先に亡くなって叔母たちはいるとして、僕の家族、妹家族、従妹って仮定すると、ぎりぎり10人くらいは集まりそうです」

「そこでもし、ミライ君にも妹さんにも配偶者や子どもがいなかったとしたら、集まる人は5〜6人になってしまう。少子化の影響は、こういうところにも出てくるんだ」

「それは寂しいですね……お葬式やお墓って伝統的なものだから、未来もずっと同じだと思っていたのに。少子高齢化の影響で様変わりするなんて、驚きです」

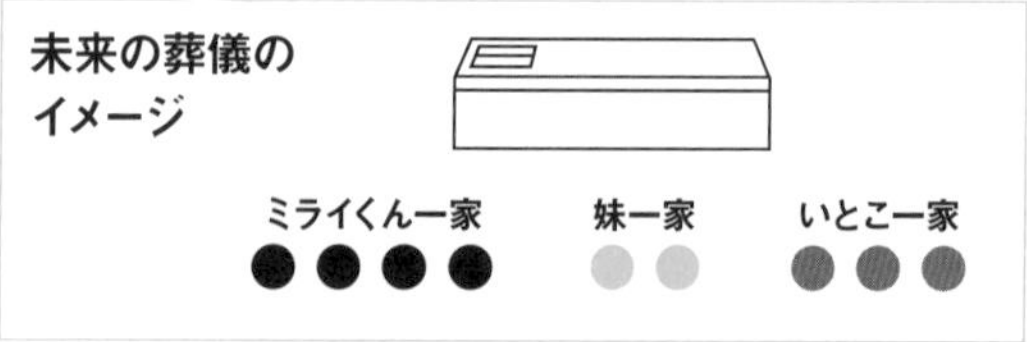

新しい日本

葬式すら成立しない社会へ → 葬儀と埋葬方法の多様化

[平均寿命の推移と将来推計]

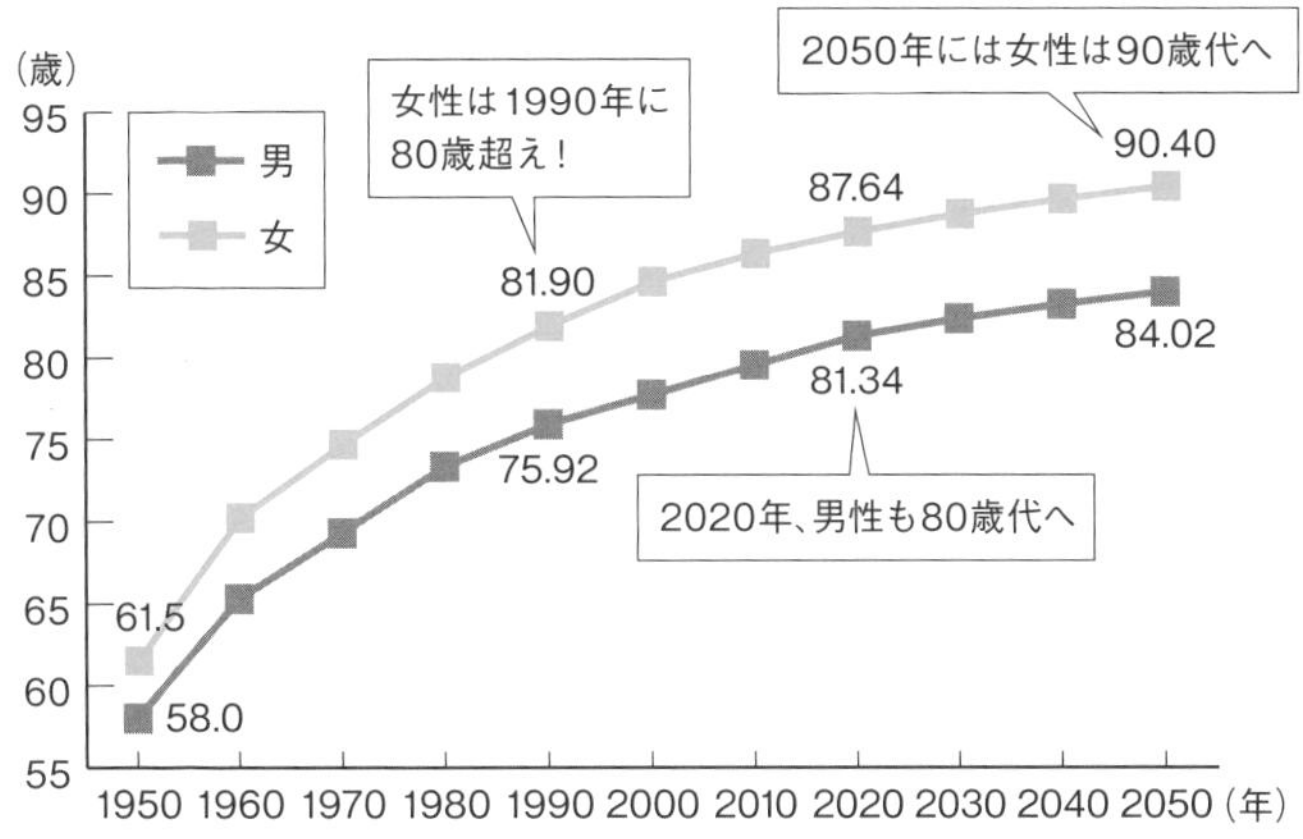

内閣府「2018年版高齢社会白書」より

POINT!

- □ 高齢社会から多死社会へ。東京圏を中心に、斎場と火葬場が不足する
- □ 超長寿の人が亡くなったとき、親族が誰もいない可能性も
- □ そもそも少子化で親族の数は減っている

↓

かつてのような葬儀が成り立たない時代に？
家族葬・直葬が増え、無縁墓が増える

家族の未来

TOPIC 9

家も事業も引き継ぐ人がいない

もはや過去の問題？ 遺産のゆくえ

「祖母の田舎の家をどうするかで、父と叔母がもめてる……。子どもの頃はよく行ったのにな」

価値がほぼゼロの遺産をどうする？
相続は〝奪い合い〟から〝押し付け合い〟の時代に

「受け継ぐ人がいなくなってしまうのは、お墓だけじゃないんだ。家や土地といった、これまでは〝資産〟と考えられてきたものでさえ、持て余すようになりそうだよ」

「そうそう、家といえば田舎に僕の祖父母の家、つまり父の実家が残っているんですが、もうそこには誰も住んでいないから、売却するかどうかを父方の親戚で話し合っているみたいです。祖母が亡くなったら遺産争いになるのかも？　なんて、ちょっとドキドキしながら見守っています」

「いや、ミライ君が思い浮かべているようなドロ沼の**相続争いはもう過去のもの**じゃないかな。お父さんたちは、**その家や土地を取り合うのではなくて、むしろ、どうすれば誰も相続しないですむか**ということを話し合っているのかもしれないよ」

「あれ、家って遺産として価値がないんですか？　たしかに田舎なので都市部のような値段では売れないかもしれないけど」

「昔と比べればね。人口が減ることで、当然、家は余っていく。TOPIC13でも話すけれど、地方都市では空き家率は上昇する一方なんだ。2033年には全国の約4

戸に1戸は空き家になると推測されているよ。これからは、**よほど立地のいい場所でもないかぎり、相続したとしても売却したり、貸したりできない。受け継ぐべき資産としての土地や家の価値はどんどんなくなっていく**だろうね」

「相続する側としては、自分が住むわけでもなく、人に貸したり売ったりもできないとなると、本当に困りますよね」

「資産価値がゼロだとしても、相続してしまったらその土地や家の維持管理をして、税金も納めないといけない。田畑ならば近隣の農業生産者に迷惑が掛からないよう草刈りもしなければならない。それが面倒だから、相続自体を放棄する人や、相続しても空き家のまま放置する人が増えているんだ。さらに子ども世代はすでに自分の家を持っているわけだから、親の家を譲られてもどうしようもないという事情もある」

「それが不便な場所にあったらなおさらですよね」

「一人っ子同士の夫婦の場合、それぞれの両親が住んでいた家を相続しようものなら家が3軒になってしまう。それが次の世代にもまわっていったら、いったい1人で何軒の家を持たなくちゃいけないんだという話になるよね。固定資産税だけでかなりの出費になるよ。**兄弟・姉妹がたくさんいた時代には奪い合ってきたものが、これからは押し付け合う時代に、さらに手に負えなくなると無視・放棄する時代になってしま**

「所有者不明の土地」の増加

||

所有者が直ちに判明しない、または判明しても所有者に連絡がつかない土地

持ち主不明の土地がすでに国土の2割！

国土交通省「地籍調査」(2016年) より

[空き家数・空き家率の推計]

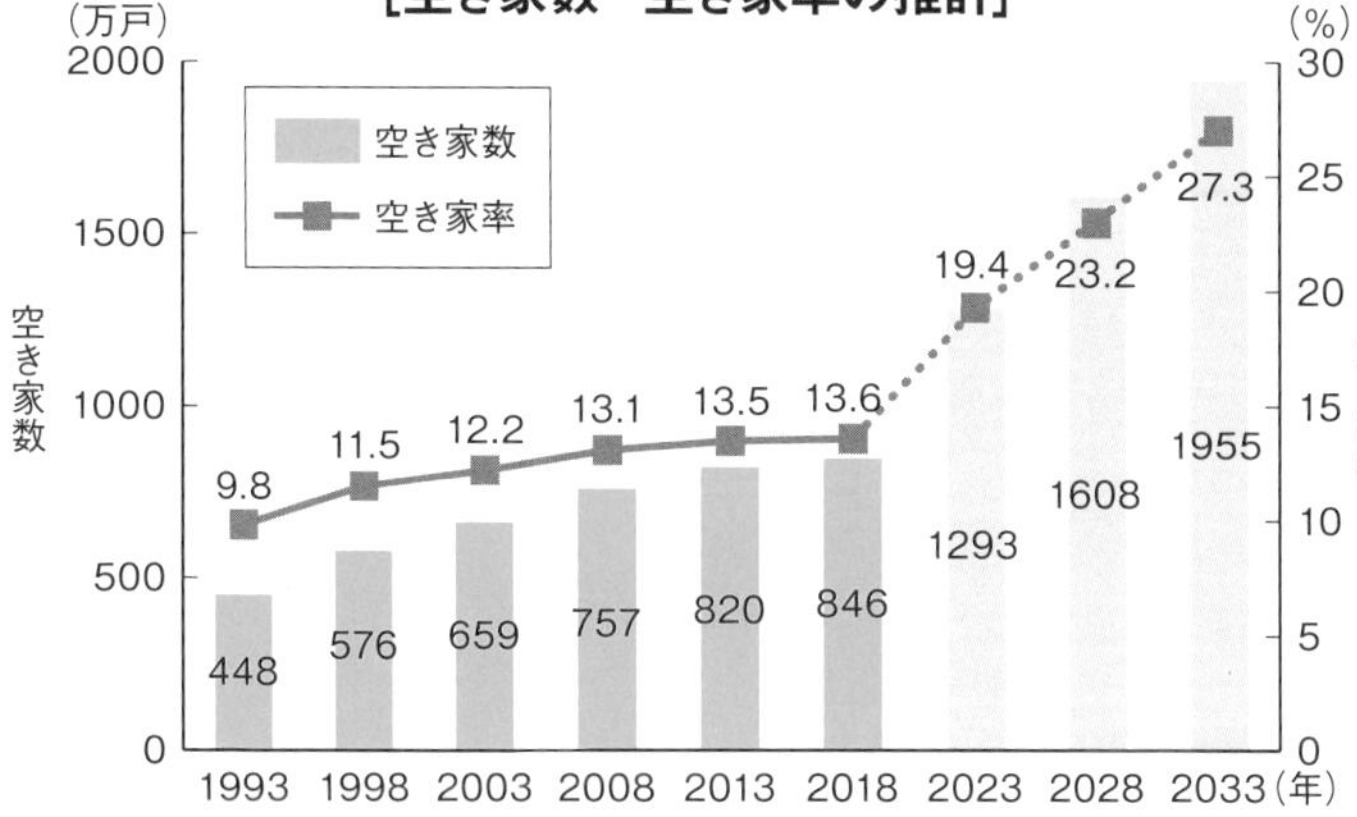

野村総合研究所「2030年の住宅市場と課題」(2019年度版)より

うかもしれない」

「夫婦に子どもがいなかったら、そもそも家を相続する人がいなくなりますね」

「うん、そこまで考えると今後の相続争いの形はかなり変わっていくね。ミライ君は遺産というと〝家〟のイメージを持っているみたいだけど、世代間で相続するものは家がメインとはかぎらない。さっき草刈りの話に触れたが、地方では農地の問題が深刻なんだ」

「そうか、ただでさえ少子化なのに、子どもがみんな都会に行ってしまって、農業を継ぐ人がいなくなっているんですね」

「農業を営む人の高齢化は今に始まっ

たことではなくて、農水省の調査では、２０１５年時点での耕作放棄地面積は42・3万ヘクタール。１９９０年は21・7万ヘクタールだったから、25年間でほぼ倍増している。誰も手入れをしなくなった耕作放棄地が増えると、その近隣の農地の生産高が落ちるという悪循環になるんだ。農業には、灌漑《かんがい》や草刈りなど地域が共同でやらなければいけないことがけっこう多い。**荒地が点在することで、地域全体の農業が衰退していってしまう**可能性も大きくなる」

「もし僕が両親から相続するとしたらせいぜい実家のマンションくらいだろうけど、農地などを相続する人は大変ですね」

「〝相続〟というキーワードで未来を見通してみると、企業も大ピンチなんだ。日本は同族経営の会社が多いからね。**とくに中小企業や自営業では半数以上が親族内で事業継承しているから、跡継ぎがいなければ、事業そのものが続けられなくなってしまう**」

「実家の事業を継がないって言ってる友人、います！」

「すでに中小企業の経営者は高齢化していて、60歳以上の経営者の数が59歳以下の経営者の数を上回っている。経済産業省の調査では、１９９５年には経営者でもっとも多い年齢は47歳だったけれど、２０１８年は69歳。企業自体が高齢化しているんだ」

「多くの社長さんがもう高齢者なんですね。今はうまく代替わりを続けていくのも難

しい時代なんだ……」

「そうだね。今後は、事業を継承することができないという理由で廃業・解散する企業がどんどん増えていく。倒産ではなく、〝大廃業時代〟がやってくるだろう。**黒字でそれなりに収益をあげているにもかかわらず、人手不足や後継者不足を理由に事業をたたむケースはすでに多い**んだ」

「事業としてはまだまだやりようがあるのに、もったいない気がします。親族以外の人に継承できるようにすればいいのに」

「この問題は中小企業や個人事業がなくなるという話だけでは終わらないんだ。利益率が高い中小企業の場合、大企業のパートナーであったりするケースも多く、そうした意味では、中小企業が廃業してしまうと、大企業の事業計画にも大きな影響を及ぼすことにもなりかねない。GDPが大きく縮むことも懸念されているよ」

「考えてもみなかった」

「将来を見据えて、早めに次の世代に事業を引き継ぐ準備をしないといけない。でも、自分が苦労して育ててきた会社を見知らぬ他人に手渡したくないという経営者が多いのも事実だ。気持ちは分からないではないが、生き残るためには**M&Aなどによる他の会社との合併など大きな変革が求められる。後を継ぐ人がいない企業と、そうした企業を欲しいと思っている経営者のマッチングを促すためにも、政府が取引所を設立するのも方策だと思うけどね**」

「ふと思ったんですけど、親族じゃない人でも会社を引き継げるとしたら、僕も社長になるチャンスがあるってことですか?」

「もちろん。ミライ君が将来、どこかの事業を譲り受けてその代表になることだってあり得るよね。実際に社外から後継者を招聘《しょうへい》するところも増えているそうだよ」

「後継者不足って、僕ら世代にとっては悪いことばかりじゃないのかも……?」

新しい日本!

土地、家、事業……
遺産の価値と魅力の低下

[約1万の集落が存続の危機に!?]

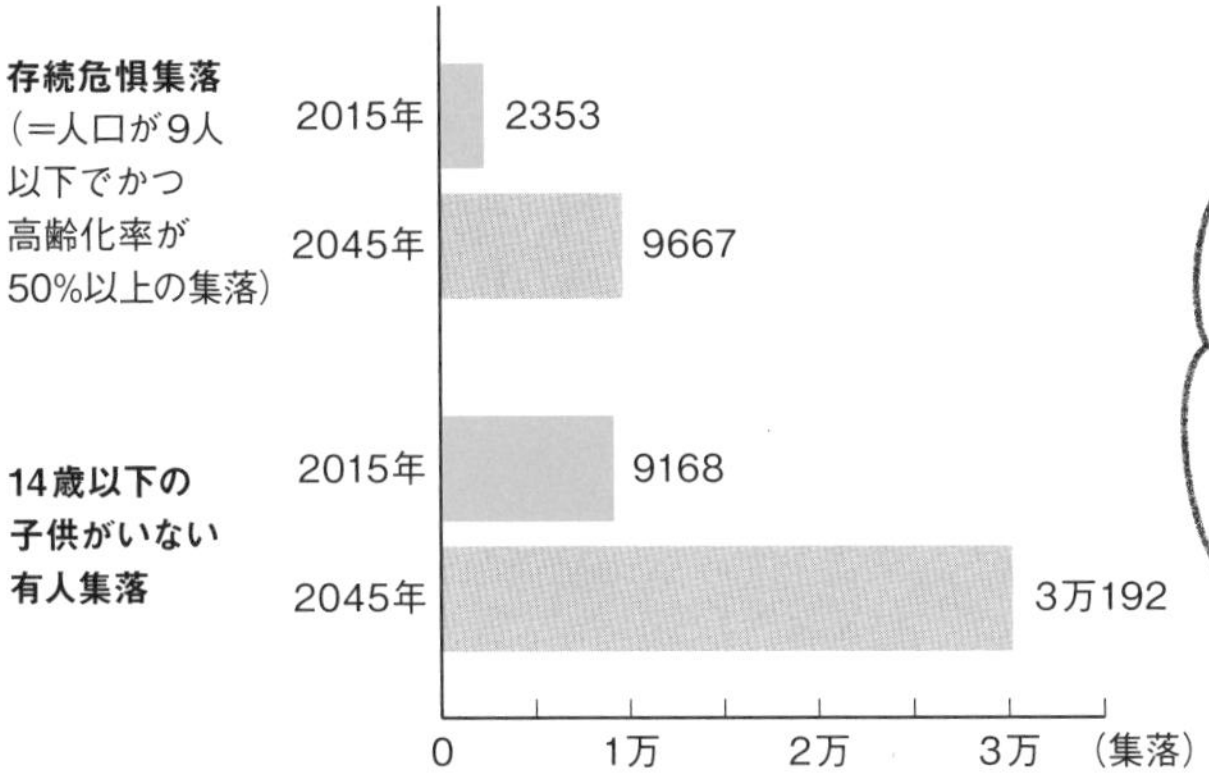

農林水産政策研究所
「農村地域人口と農業集落の将来予測」(2019年) より

POINT!

□ 土地や家は人口減少とともに余り始めている
□ 農地を相続する後継者がいなくなり、耕作放棄地が増え続けている
□ 中小企業も後継者不足

遺産は奪い合うものではなく押し付け合うものに?
企業は親族経営からの脱却がポイントに

家族の未来

TOPIC 10

未婚大国ニッポンの行く末は？

上がり続ける生涯未婚率

「結婚、どうしようかなぁ。大学の友人とか
同期もまだ独身のほうが多いんだよなぁ」

「いつかは結婚したい」けれど独身、という人が増加中！

少子化の最大の要因＝非婚化・晩婚化

「はぁー、どうしよう……」

「どうしたの？　ミライ君。ため息なんかついちゃって」

「付き合っている彼女から、『両親に紹介したいから実家に来て』って言われたんです」

「それじゃあ、いよいよ結婚も近いってことかな？　おめでとう！」

「いやいや、待ってください。僕は、まだそんなつもりなかったから動揺しているんですよ。でも、うちの親にもはやく結婚しろって言われるし、河合さんからも、**晩婚・晩産になるとダブルケアの心配がある**って聞いちゃったし（P84）、もう身を固める決心をするべきなのかなと……」

「まぁ、自分の人生なんだから、相手とも話し合ってじっくり考えてみたらいいと思うよ。それにしても、ミライ君くらいの年齢で結婚に尻込みしてしまうなんて、晩婚化が進んでいることを再認識させられるね。実は晩婚もだけど、結婚しない人も増え、**生涯未婚率が上がり続けていることも少子化に拍車をかけている要因**なんだ」

「一生独身の人が増えているんですよね」

「正確には、50歳の時点で一度も結婚したことがない人の割合を指すんだ。50代になるとほぼ出産期を離れるからね。生涯未婚率は1990年を境にどんどん上がり続けていて、このままいけば**2040年には男性は29・5%で3人に1人、女性は18・7%で5人に1人の割合になると推測されている**んだ」

「男性は3人に1人が生涯独身って……すごいですね。もう結婚するのは当たり前のことじゃなくなっているのかも!? あの、僕が言うのもなんですけど、どうして結婚しない人が増えたんですか?」

「一概には言えないんだ。男女の出会いの場が減ったということもある。しかしながら、非正規雇用が増えたことや、正規雇用でも年齢とともに給料が順調に上がっていく年功序列の賃金カーブを描けなくなったこともあるだろう。ミライ君も、今の収入で結婚できるのかって迷っていたよね?」

「あ、はい、そうでした」

「社人研が2015年に行った調査によると、18〜34歳の独身者のうち、**『いずれは結婚しようと考えている』と答えた人は8割以上に上る。**昔に比べて独身主義の人が増えているわけではなくて、いい人がいれば結婚したい、もしくは経済的に余裕ができたら結婚したいと思う人は多いんだよ」

どんな状況になったら結婚したい?(複数回答)

- 経済的に余裕ができること　42.4%
- 異性と知り合う(出会う)機会があること　36.1%
- 精神的に余裕ができること　30.6%
- 希望の条件を満たす相手にめぐり会うこと　30.5%

「内閣府2019年版 少子化社会対策白書」より

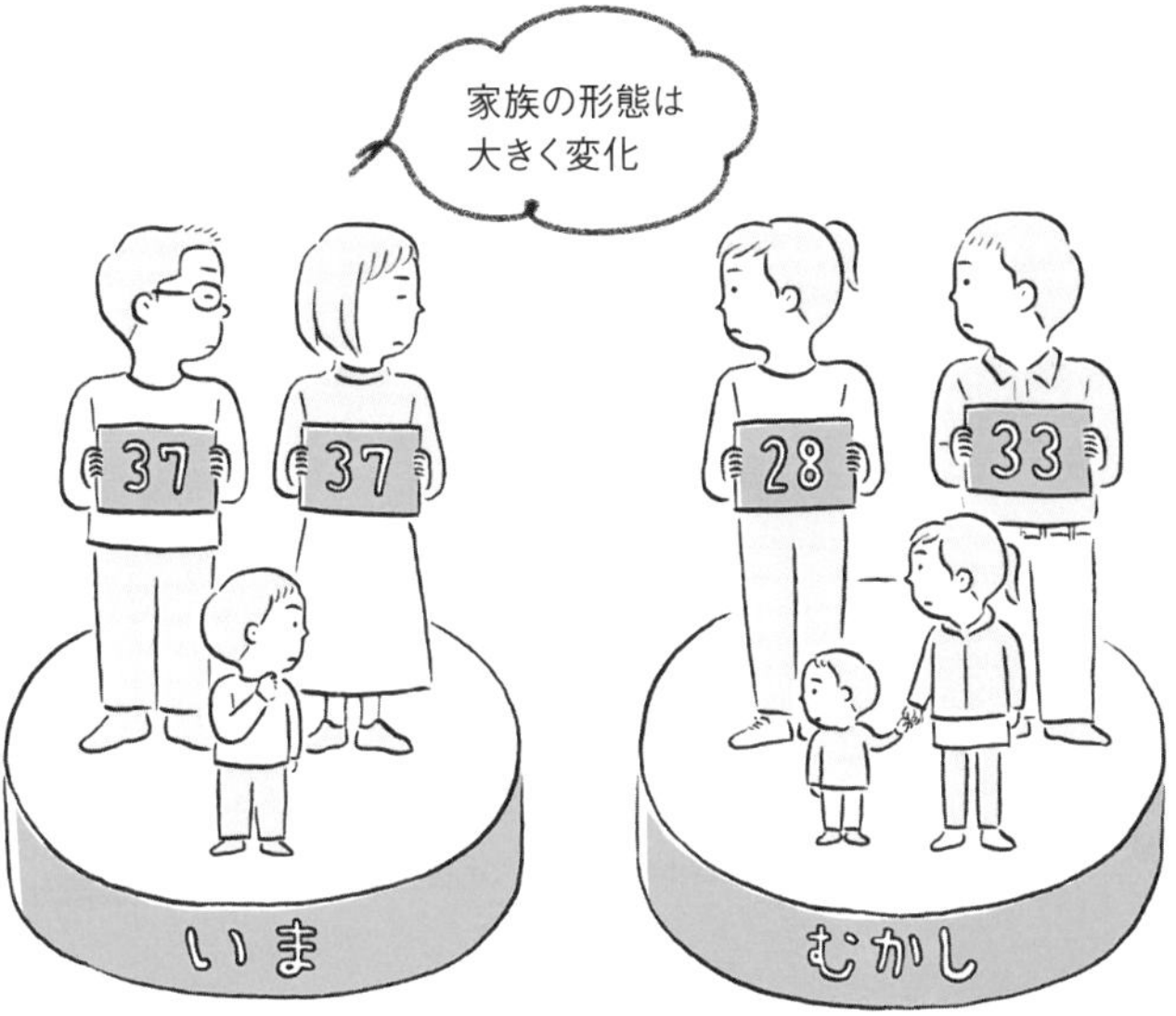

「出会いがないって言っている人は多い気がします。かといって婚活するにもお金がかかるし」

「昔は自分で結婚相手を探さなくても、職場の上司や世話焼きの人がお見合いの話をもちかけてくれたりしたんだよ。いまや上司が部下に結婚の話題でも出そうものなら、パワハラだ、セクハラだと大問題になりかねない。一見、時代にそぐわないようだけど、私はお見合いの復活もひとつのアイデアじゃないかと思うよ」

「え、お見合いですか……」

「それと、**女性の初婚年齢が上がって晩産になる理由の1つに、〝同級生婚〟の増加も挙げられているんだよ**」

「ん？　どうして同級生同士で結婚すると晩産になるんですか？」

「昔は男性が年上で女性が年下という夫婦が多かった。そうすると必然的に女性の初婚年齢は男性よりも若くなる。20代前半の女性と30歳前後の男性とかね。でも同級生婚となると、男性の晩婚傾向がそのまま女性の晩婚・晩産にも結びつく。ミライ君のように、もうちょっと給料が上がってから結婚しようと思えば、彼女もそれだけ年齢を重ねることになるよね」

「僕の彼女は1歳上ですけど、僕が35歳になったら彼女は36歳……まぁ、そうですね」

「日本は婚外子が極端に少ないから、結婚するということが子どもを持つ前提になるといっていいだろう。ただ結婚はいつでもできるけれど、出産はそうもいかない。ダブルケアのところでも説明したように（P80〜）、**少子高齢化の時代、家族を持つことを先延ばしにすればするほど後々のしかかってくるものが重くなる。**もちろんミライ君の人生なのでミライ君の意思が尊重されるべきだが、いずれ結婚して子どもを持とうと思っているなら、遠い将来まで見据えてライフプランを描いてみることが大切じゃないかな」

「つい当面の生活ばかり考えちゃうけど、たしかに、先延ばししたからって何もいいことはなさそうです。結婚のこと、彼女とちゃんと話してみよう」

新しい日本！

結婚・出産・育児・介護……ライフプランをどう設計するか

[結婚したカップルから生まれる子どもの数は?]

	0人	1人	2人	3人	4人以上
1977年	3.0%	11.0%	57.0%	23.8%	5.1%
1987年	2.7%	9.6%	57.8%	25.9%	3.9%
1997年	3.7%	9.8%	53.6%	27.9%	5.0%
2005年	5.6%	11.7%	56.0%	22.4%	4.3%
2015年	6.2%	18.6%	54.0%	17.9%	3.3%

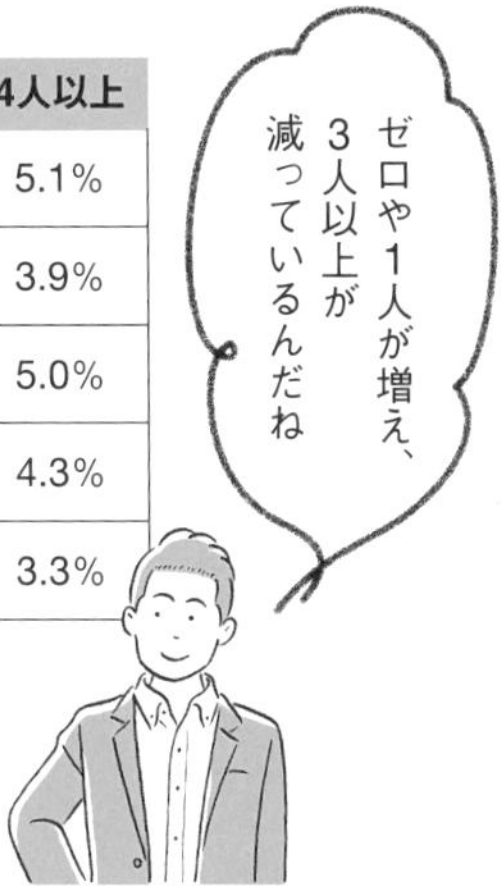
ゼロや1人が増え、
3人以上が
減っているんだね

国立社会保障・人口問題研究所
「第15回出生動向基本調査」より

POINT!

- □ 生涯未婚率はこれからも上がる見込み
- □ 賃金は昔のように上がっていかない
- □ いずれ結婚しようと考えている人は多い
- □ 晩婚・晩産化の要因には、同級生婚の増加も

↓

- **結婚したい人のために出会いの機会をつくる＝お見合いの復活も**
- **当面の生活よりも、遠い将来を見据えたライフプランを描く**

学校・教育の未来

TOPIC 11

人口が減れば誰でも入れる!?

大学の役割、学歴の意味

「高校生の従妹に『今の時代、大学に
行く意味ってあるの?』と聞かれてしまった」

減り続ける18歳人口。進学率が上がっても、特長のない大学は淘汰されていく

「高校生の従妹に、大学について根掘り葉掘り聞かれて参っちゃいましたよ。『ミライ君はなんで大学に行こうと思ったの？』『大学の勉強って役に立った？』とか。みんなが行くからいちおう進学した、なんて本音は言えなくて……。子どもの数は、どんどん減っているんですよね。ということは、いま小学生くらいの子たちは受験戦争なんて無縁なのかな。希望すれば全員が大学に入れちゃうんじゃないですか？」

「まったく選り好みしなければ、そうかもしれないね。人気大学の入試は変わらず倍率が高いけれど、小さな大学や地方大学では定員割れのところも少なくない。**２０１９年度でも定員が１００％に達しなかった大学は１９４校で、全体の33％。すでに、学生が集まらなくて倒産したところもある**」

「ですよね、そもそも学生がいなければ、大学の数も減るしかないですよね」

「18歳人口の推移を見てみようか。高校卒業者数がピークだった１９９２年には２０５万人だったのが、２０１９年時点で１１９万人になり、**２０３２年には１００万人を下回って98万人になると推計されている**んだ」

「へえ……平成の最初の頃から、半分近く減ってるんですね。この頃と比べたら僕ら世代の受験ってまだ楽なほうだったのかも」

「大学の経営者たちは短大を四年制に改組したり、女子大学を共学にしたり、学部を新設したりと試行錯誤をしているけれど、根本的な解決には至っていないんだ。少子化は進んでいるのに今までと同じように学生数を確保しようと思ったら、進学率をもっと上げるか、留学生をたくさん受け入れるしかない。でも、果たしてそれでいいのかな？」

「うーん、誰でもいいからと学生をかき集めて、教育の質が下がってしまったら、大学の存在意義がなくなるような気がします」

「そう、その通り。**人口が減っていく社会では、より高度な能力を持つ人材を育てなければいけない**のに、学生の数合わせばかり考えていたら特色のある高度な教育なんてできなくなってしまうよ」

もう学歴だけじゃ食べていけない。キーワードは「変化に対応できる人材」

「まぁ、今でもそうですけど、大卒っていうだけじゃ優秀なことの証明にはならない

[18歳人口の推移]

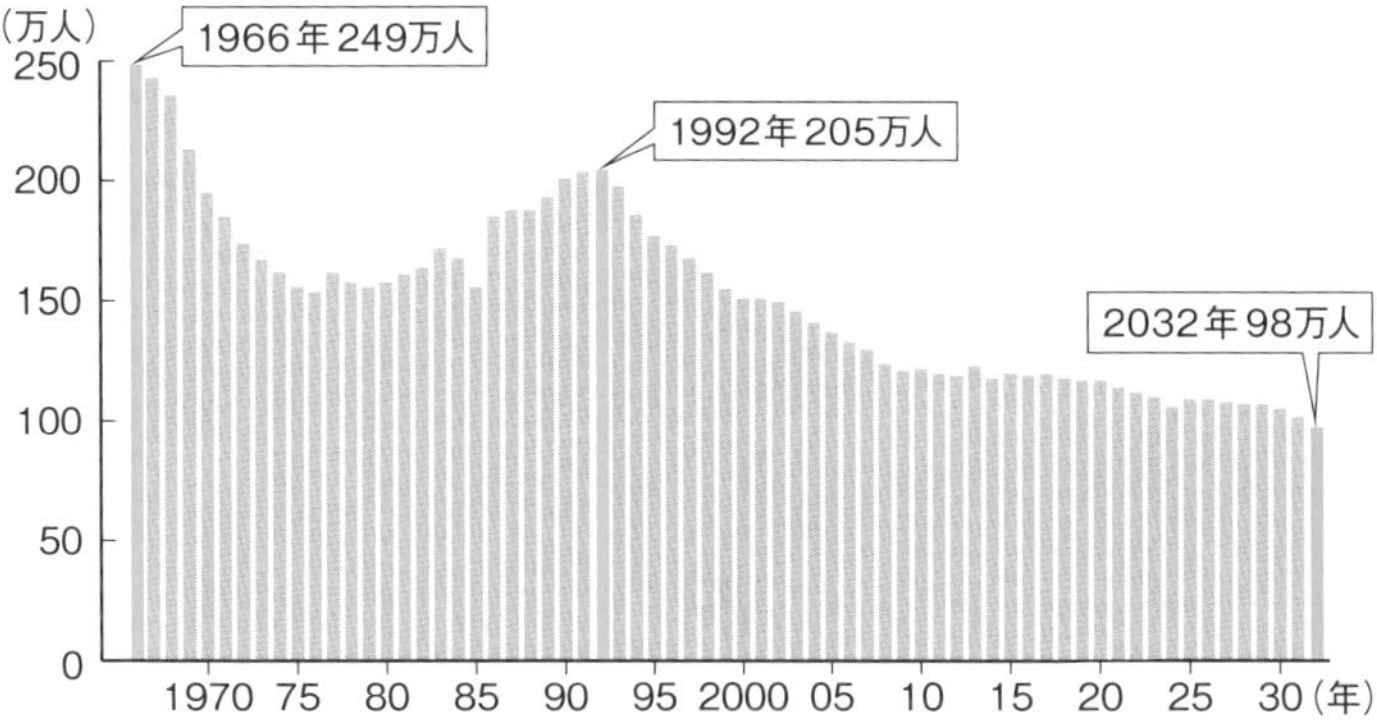

実績値は文部科学省「学校基本調査」、
推計値は国立社会保障・人口問題研究所「日本の将来推計人口」(2017年)より

ですよね」

「かつて大卒という肩書が少なからず価値を持っていた時代もあったけれど、世の中にうまく対応する人は、学歴に関係なく成功するもの。それは今までもこれからも変わらない。『〇〇大学を出ました』という**学歴が、世の中をスイスイと渡っていくパスポートには決してならないよ**」

「となると、大学のあり方も、がらっと変わるんでしょうか」

「変わる部分と変わらない部分、どちらもあると思うね。振り返ってみると、私が就職した三十数年前は、企業では学生に対して大学で何を学んだかはそれほど重視していなかったように

大学の数はまだ増えている!

文部科学省「学校基本調査」より

思う。企業内教育によって入社後にそれぞれ自分たちの会社のカラーに合った社員に育てればいいという方針だったんだね。**今の企業は、終身雇用も崩壊し始めて、人材も不足しているから、新人をじっくり教育する余裕がなくなってしまった。**ということで、**これからの大学は、企業内教育に代わり、職能を高めるための教育機関としての役割が大きくなっていくと思われる**」

「うちの会社も、中途採用で即戦力となる人材を採用することが増えてきました」

「少し上の世代を見ている学生だったら、自分が生涯1つの企業に勤め続けることをイメージできないんじゃないかな。今後必要となるのは、ただ単に就職するための学歴ではなく、社会で活かせるスキル、変化に対応できる柔軟な力だ。これから大学を受験する人たちは、そうした能力を身につけることが重要だという価値観に変わっていくと思うよ」

「そうすると大学で何を学べばいいのか、ますます分からなくなりそう。ベーシックな学問って、もはや無駄なのかな……」

「いやいや、そんなことはないよ。基礎となる知見や教養を身につけることはこれまで通り大切だし、研究分野としてもベーシックな研究はますます重要になってくる。ただ、専門性を身につけようにも、20歳くらいではやりたいことがはっきりしないか

人材育成

かつて 企業の色に「染める」育成に重きを置く → **今** 自分で能力を育成できる人に価値がある

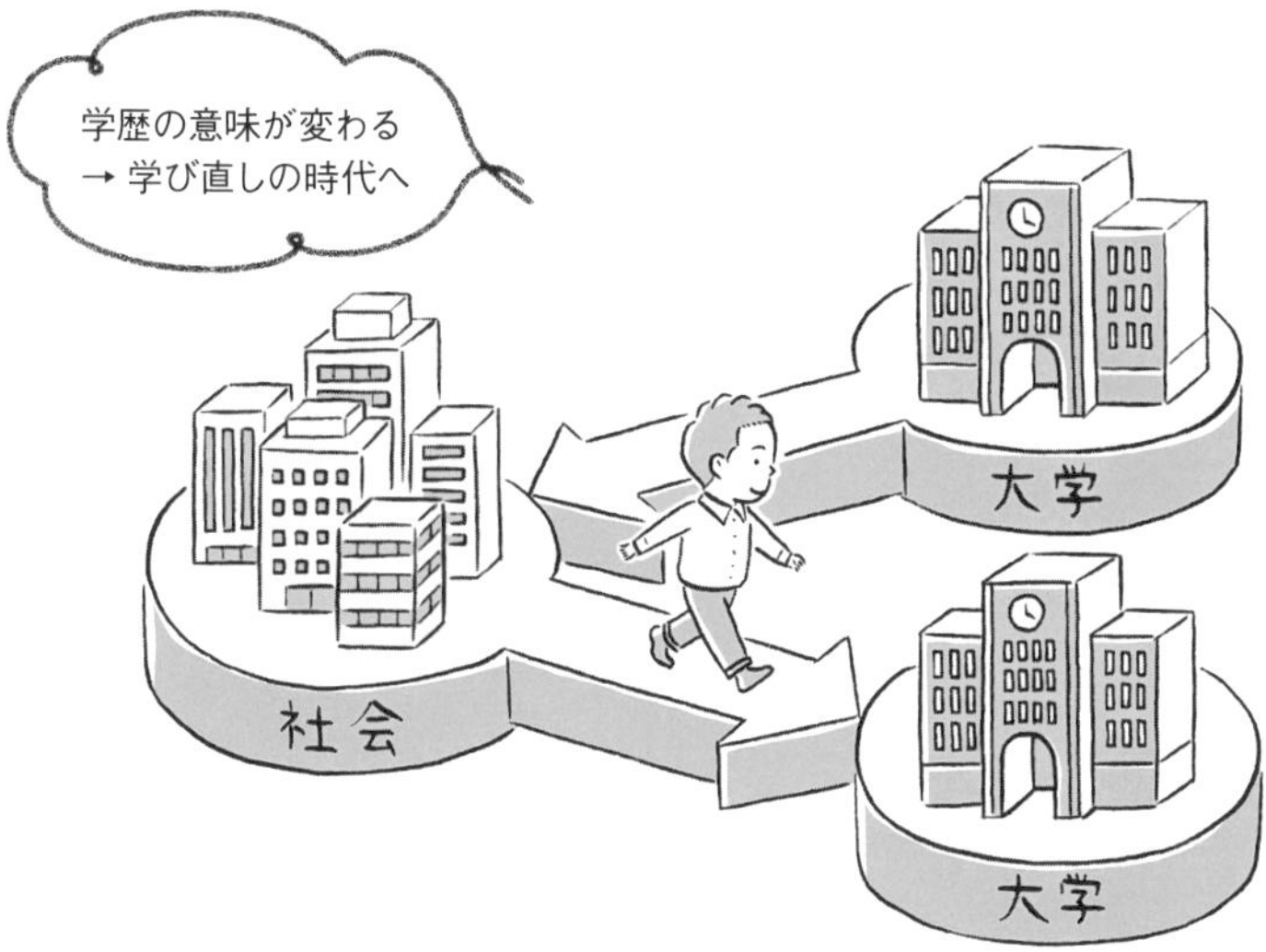
学歴の意味が変わる
→ 学び直しの時代へ
大学
社会
大学

もしれない。**社会に出て自分がやろうとすることが明確になって、学生時代の知識では物足りなくなったら、もう一度大学などに通って学び直すのもいい**と思うよ。実現したいことが出てきたときに初めて専門性が必要になるものだ」

「あ、最近よく聞く、**〝リカレント＝学び直し〟**ですね！」

「リカレント教育というとカルチャースクールのような趣味半分での学び直しをイメージする人も多いだろうが、これから求められるのはもう少し高度な知識や技能を身につけるための学び直しになるんじゃないかな。必ずしも再入学しなくても、個々の授業の聴講や個別契約で研究室に所属するなどのかたちもあり得るだろう。一方、大学側も学び直しする人が増えれば経営上のメリットとなる。ただ、何に特化するのか、ターゲットをしっかり絞り込んだほうがいい。この研究ならこの大学、といわれるような特色を打ち出していけば、大きな総合大学ではなくても魅力ある大学として生き残れる。大学の経営で言うなら、究極のアイデアだけど、教育機関ではなく特定のジャンルの研究機関へと業態を変えることを考えてもいいかもね」

「大学も個人も、社会のニーズに合った専門性を高めることが生き残りのカギですね」

「もっと言えば、国としても戦略的な取り組みが必要だ。近年、日本の大学の世界における地位の低下が言われていたりするけれど、少子化で入学者が減っていくのだから、それぞれの大学の自主性にまかせるだけじゃなくて、国としてどういう人材を育成していくのか方針を打ち立て、政府がもっとリードしていくべきだと思う。**給付型の奨学金や大学への補助金をまんべんなく支給するのではなく、実績をあげた大学や、育てたい人材に集中して投資する**ことも考えるべきじゃないかな」

日本の大学は世界ランク何位？

1位　オックスフォード大学（イギリス）
2位　カリフォルニア工科大学（アメリカ）
3位　ケンブリッジ大学（イギリス）
4位　スタンフォード大学（アメリカ）
5位　マサチューセッツ工科大学（アメリカ）
：
36位　東京大学
65位　京都大学

「THE世界大学ランキング2020」より

新しい日本 誰もが大学へ行ける時代 → 大学教育の未来とは

[大卒者の3人に1人は3年以内に離職?!]

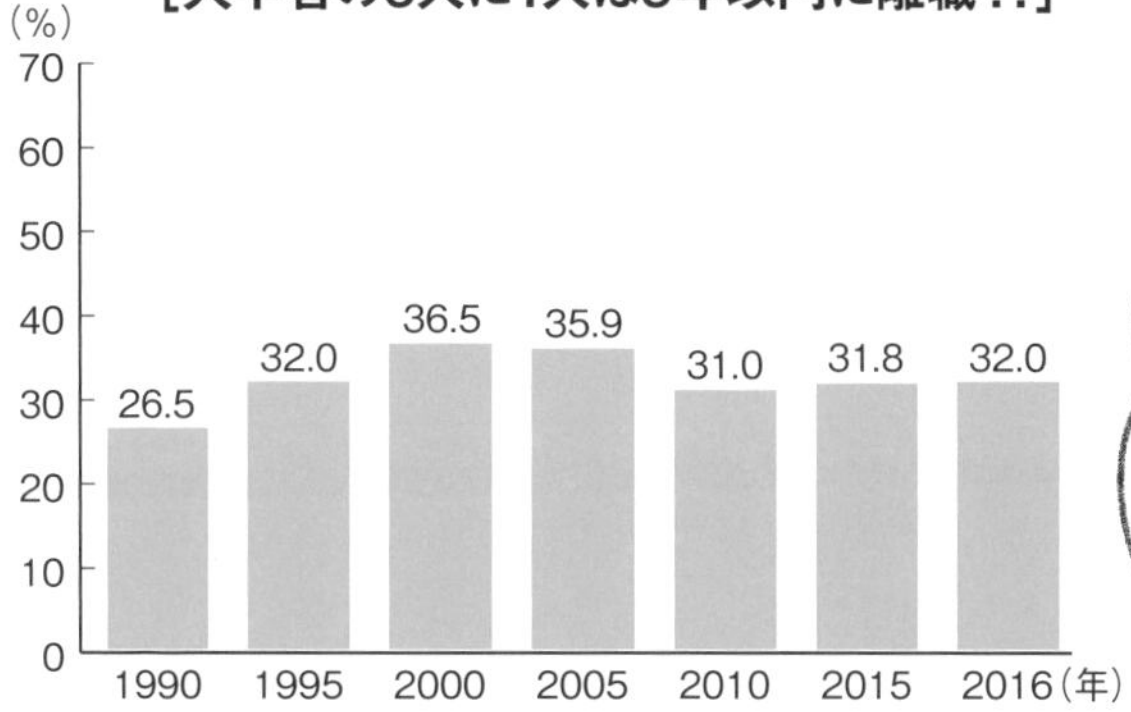

厚生労働省「新規学卒者の離職状況」より

POINT!

- □ 18歳人口は100万人以下に。
  それに対して大学の数が多すぎる！
- □ 大学卒業の学歴が社会へのパスポートにはならない
- □ 企業も人材育成をする余裕がなくなっている

↓

企業に委ねず、大学時代から自分の才覚・能力を磨く
基礎的な学問、研究はこれからも変わらず重要。
学び直しは趣味ではなく、
必要な専門性を身につけるために

学校・教育の未来

TOPIC 12

近所に同級生が全然いない……

小・中学校がなくなる
→ 部活もなくなる？

「母校の野球部、部員が減りすぎて
ついに廃部になっちゃったらしい」

歩いて通えないほど遠くにしかない小学校。車通学で、子どもたちが運動不足に

「ところで、ミライ君の母校の小学校や中学校は、まだ存続している？」

「はい、なんとか。小学校はついに1学年1クラスになったみたいですけどね。僕の頃はまだ3クラスあって、クラス替えのときドキドキしたのになあ」

「そうか、でも母校があるだけいいかもしれないね。子どもの数が減っているのだから、当然、**小・中学校や高校も減っていて、学校の統廃合はこれから都市部でも進んでいかざるを得ない。**学校は社会生活の練習の場でもあるから、本来、たくさんの生徒がいるということは、教育のうえでも大切なんだ。できればクラス替えができるぐらいの規模、最低でも1クラスに20人、2クラスくらいないと、いま盛んに言われているダイバーシティ（多様性）も学べないんじゃないだろうか」

「そう思います。そして、部活などでいろんな学年の人と交流することも大事ですよね。でも、統廃合するのは仕方ないとしても、実際、遠くの学校に通うのって、小・中学生にはすごく大変そうですよ」

「そうだね。将来、あまりにも子どもが少ない時代になったら、イギリスのように寄

いまの小・中学生の数はどのくらい？

6歳（小学校1年生）・・・101万2000人

12歳（中学校1年生）・・・107万4000人

15歳（高校1年生）・・・・110万6000人

子どもの数は9年で10万人ほど減っている！

総務省の人口推計（2019年10月1日現在）より

宿舎制を取り入れるところも出てくるかもしれない。ずいぶん先だけど、**約半世紀後の2076年には年間出生数が50万人を割り込むという推計がある。そうなったら、学校は大きな町にだけ存在するものになる**かもね」

「2019年に90万人を割ったことで驚いてたけど、そうか、僕らの孫くらいの世代の年間出生数は50万人以下か……その時代には、子どもがいる家庭の生活もずいぶん様変わりしてそうですね」

「年間出生数が50万人ということは、1県あたり平均1万人だ。大都市ほど多いから、小規模の町では本当に赤ちゃんを見かけなくなりそうだね。ますます産婦人科は減るだろうし、ベビー服やベビーベッドのおさがりをゆずり受けるなんてことも難しくなりそうだ」

「出費がかさむってことですか。それも結婚や出産をためらう理由になりそうです」

「学校が近くになかったとしても、10歳にもならないうちから寄宿舎生活をさせるわけにもいかないだろうから、小学校についてはとくに頭の痛い問題だよ。現に、交通の便がよくない地方では、現在でも遠くまで通学するために親が車で送り迎えしているところもけっこうあるんだ」

「なんだかイメージ湧かないけど、それは親の負担が大きすぎますね」

[小学校数の推移]

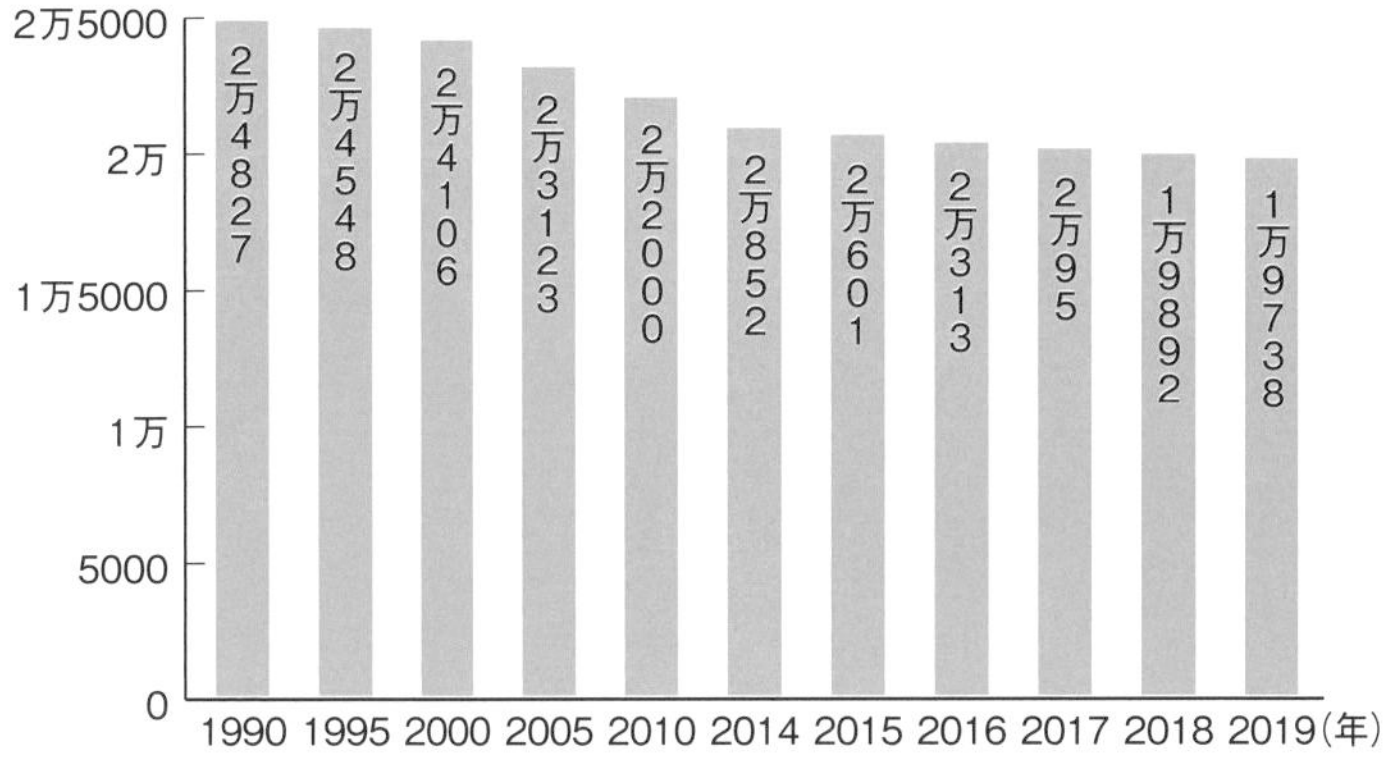

文部科学省「学校基本調査」(2019年)より

「一見、関係ないことのようだけど、**少子化の影響で子どもたちは運動不足にもなっている**んだよ」

「車で送り迎えしてもらうからですか？ でも、体育の授業もあるし、基本的に子どもは外で元気に遊ぶものだと思うんですけど」

「スポーツ庁が2019年に小学5年生を対象に行った調査によると、**1週間のうち、体育の授業以外で運動する時間が1時間未満という子が、男子で7・6%、女子で13・0%もいる**」

「それって僕と……大人と同じくらい運動不足かも。みんな外遊びよりもゲームが好きなのかな」

「それもあるだろうね。しかし、少子

eラーニングの可能性

インターネットを通じて授業を行う学校も登場している。2016年に開校したN高等学校（通称N高。学校法人角川ドワンゴ学園が運営）は、沖縄県うるま市伊計島に本校がある私立高校。高校卒業資格を取るだけではなく、生徒の興味に応じた学習もできるのが特徴で、従来の通信制高校とは違う新しい選択肢として注目されている。

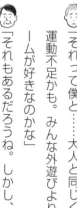

化で1世帯あたりの子どもの数が少ないために、1人にかけるお金が増えたことも一因なんだ。塾や習い事に忙しくて、友達と遊ぶ時間をもてない子が多いよね。**子ども同士で過ごす時間が減って運動不足になり、大人と同じような生活をしていると、将来、生活習慣病になりやすいという指摘もある**」

「まさか、少子化が生活習慣病にまでつながるとは思いませんでした」

「部活やクラブ活動で運動する機会が減っているというのも否めない」

「あ、それ！　何年か前に、母校の野球部が廃部になったって聞いてショックでした。僕、こう見えても子どもの頃は野球少年で、甲子園に憧れてたんです」

「かつて野球部は、運動部のなかでも花形だったよね。ところが、高校野球にも驚くような変化が起きている。全国高校野球大会では、2012年の夏から**部員不足の学校同士の連合チームが認められる**ようになって、2019年夏の大会には過去最多となる86チーム（234校）が連合チームだったそうだよ」

「それは知らなかった！　ユニフォームがばらばらなのに同じチームになるんですね。練習とかどうやってやるんだろう？」

「試合に勝った場合はどこの校歌を歌うのかも気になるよね。まあ、それはともかく、野球のような人気スポーツでさえ競技人口の減少に悩んでいるってことだ。**将来は学**

校対抗で大会を行うこと自体ができなくなるだろうし、都道府県ごとに代表を選出する大会も難しくなってくるかもしれない。たとえば、毎年1月に行われる全国都道府県対抗駅伝では、居住者と出身者、勤務地が該当する人に出場資格を与えている」

「国内の大会はそれでもいいと思うんですけど、オリンピックとか、国際大会は？　日本のスポーツ全般が弱くなっちゃうんじゃないですか？」

「その可能性はあると思うよ。当然ながら競技人口の裾野が広いほうが有望な選手も多くなりやすい。少子化が進むとメダルの数は減るかもしれないね。非情なようだけど、大学教育のところ

部活の未来は……

高校野球の例に限らず、学校単位で部活動のチームを維持するのは困難に。どのスポーツも競技人口が減り、さまざまな競技団体のあいだで選手の取り合いになる。

で話したことと同じでどの競技にも幅広く補助金を支給するのは難しくなる。スポーツの種類って意外と多いからね。力を入れて選手を育成する競技を絞り込んでいくらいの決断が必要になるかもしれない」

「うーん、そうかー。スポーツは小さい頃からいい指導を受けて取り組んだほうが有利っていう面はありますからね」

「**英才教育がものを言う分野は、スポーツにかぎらず音楽など芸術でも、そして勉強においても幼少期からある程度戦略的に才能を育むような仕組みをつくらないといけない。**人口が多ければ、大勢で切磋琢磨するなかから才能のある人材が自然と出てくるものだけど、人口が少なければ、それも期待できなくなるからね。戦後は何かにつけて『結果の平等』が重視され、国費で英才教育をするなどと言ったなら不公平だとの批判もあった。でも人口が減っていくこれからの時代は、誰もが頑張れば機会を得られる『チャンスの平等』を重んじる社会に変えていかないと、どの分野も衰退することになりかねない」

「英才教育の時代か……。これからの子どもたちは、親とはかなり違う子ども時代を送ることになるんだな」

新しい日本！

生徒も先生も、学校も減少 → 才能を伸ばす教育へ

POINT!

- □ 小・中学校、高校の数は都市部でも減少。統廃合がさらに進む
- □ 少子化の影響で子どもが運動不足になり、運動能力も低下傾向
- □ 部員が減ってスポーツの学校対抗試合が成り立たない。どの競技も選手不足に

↓

**寄宿舎など新しい学校の制度が登場する？
スポーツ、芸術などの分野は
重点的な英才教育が必須に**

女性の働き方の未来

専業主婦は消滅する!? ずっと収入を得るために、今すべきこと

かつては働く夫と専業主婦という組み合わせが一般的だった日本の夫婦ですが、すでに夫婦共働き世帯が大きく上回っています。ところが、男女平等という点で日本はまだまだで、世界経済フォーラム（WEF）が、ジェンダー格差の少なさを算定した**「ジェンダー・ギャップ指数」（2019年）ランキングで、日本は153ヵ国中、121位**でした。ドイツ10位、アメリカ53位、中国106位といった他国と比べると、日本がどれほど低い評価かがわかるでしょう。

実際、男性と同じように**定年まで働き続ける女性のロールモデルはまだまだ少なく、定年後の再就職もオールド・ボーイズ・ネットワークの存在によって容易ではない**のは、TOPIC3でお伝えした通りです。ですが、人口減少社会においては女性の実質的な活躍なしには社会を維持していくことはできません。働き方一つとってみても、今後、リモートワークがより一般化され、ワークライフバランスの考え方が広く浸透すれば、今まで育児や介護のために仕事を辞めざるを得なかった女性も、働き続けることができるようになるはずです。

年功序列的な風土と給与体系がなくなることは、女性にとってチャンスといえます。これからは所得の男女格差も縮んでいくでしょう。**夫婦どちらか1人の収**

入で家族を養うのは難しく、男性の意識も変わらざるを得ないのです。

女性は男性よりも長生きしていずれは1人になる可能性が大きいので、長く働くことがとても大切です。未来に備えて、女性がすべきことは次の2つです。

共働き世帯数の推移

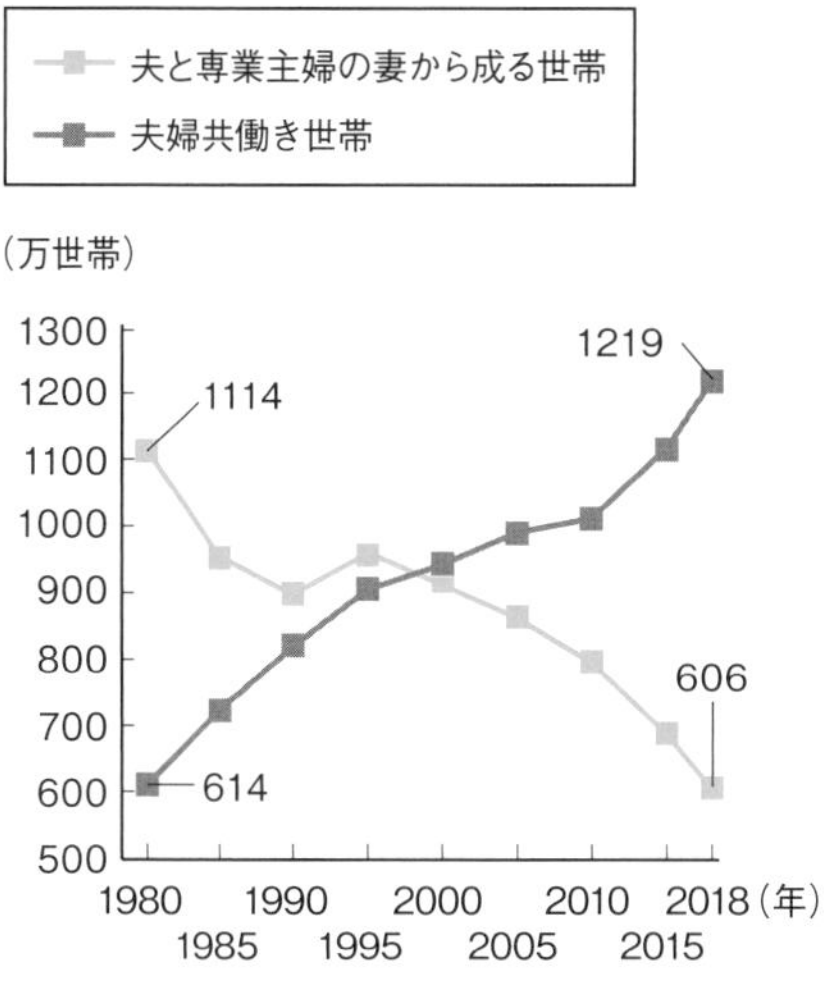

総務省「労働力調査」より

●資産の棚卸し

どこに住み、家賃をどう払っていくのかという住まいの見通しを立て、老後までの生計の立て方を考えましょう。育児や介護の期間も仕事を辞めず働き続けることが肝心。目の前の生活だけではなく、長い人生を見越してのライフプランを。

●自分の能力を磨く

女性も男性も同じで、自分には何ができるのか、自分の強みは何なのかを問い続けることが必須（TOPIC6参照）。現在の仕事に関わることでなくても構いません。これからは副業も一般的になります。もし何もないと思うなら、高齢になるまでに身につけていきましょう。

お金の未来

TOPIC 13

住まいの様相が大きく変わる

家はもう〝財産〟じゃない

「築30年の実家のマンション。
大規模修繕でもめていて理事の父は大変そう」

都市部がスラム化する可能性も！
空き家だらけの国で不動産の価値はどうなる？

「もし結婚したら、マイホームが欲しくなる気がします。やっぱり、賃貸より持ち家のほうが安心ですよね」

「それはどうだろう。**これからの時代、家は多額の借金をしてまで自分の財産にする価値のあるものかな？**」

「え……！　違うんですか？」

「未来の住まいのありようがどうなっていくのか、一緒に考えてみよう。今、空き家が問題になっているけれど、これは過疎化している地方だけの話じゃない。高齢化が進みはじめた都市部でも空き家が増えていて、野村総合研究所は**2033年には、日本の空き家率が27・3％に達すると試算しているんだ。空き家率が30％を超えると、治安が悪化してスラム化し始める**ともいわれているよ」

「都市部には人がたくさんいるのに、どうして空き家が増えているんだろう？」

「それは、核家族や単身世帯が増えていることと関係がある。昔は、各家庭の中で世代が交代していたからね。お祖父さんが建てた家をお父さんが改築して、その子ども世代もそこで暮らす、みたいに。でも今は、親が交通の便の悪い郊外に建てた一戸建てを子どもの世代が受け継がなくなってきている。子ども世代は未婚だったり、結婚しても子どもがいなかったりで、そんなに広い面積のマンションでなくとも不自由しない。こうした物件ならば都心部でも手が届く価格帯で探せるということだね。ミライ君はどう？　通勤に1時間半くらいかかる郊外の家に住みたいと思う？」

「それはないかな。広い一軒家にも憧れるけど、通勤とか生活のことを考えたら、ちょっと狭くても会社に近いという立地を優先すると思います。共働きの先輩を見ていると、仕事に加えて保育園の送り迎えとかもあって、いつも時間に追われています。僕も結婚したら、夫婦それぞれの職場から近い住まいを選ぶと思います」

「『夫婦に子ども2人』という家族構成が当たり前だった世代と今の30〜40代とではライフスタイルが違うんだよね。だから、**郊外にあるかつての〝夢のマイホーム〟には、高齢者だけが住んでいるか、誰も住んでいない**というのが現状なんだ。じつは首都圏近郊の空き家は、全国平均を上回る水準で増えているんだよ」

「**親たちが買った家が余っている**ってわけですね。うちの実家は分譲マンションですが、誰も住んでいない部屋がいくつかあるみたいです。賃貸に出している所有者も多いのかな。僕の父は管理組合の理事をしていて、修繕のことでなかなか住民の意見が

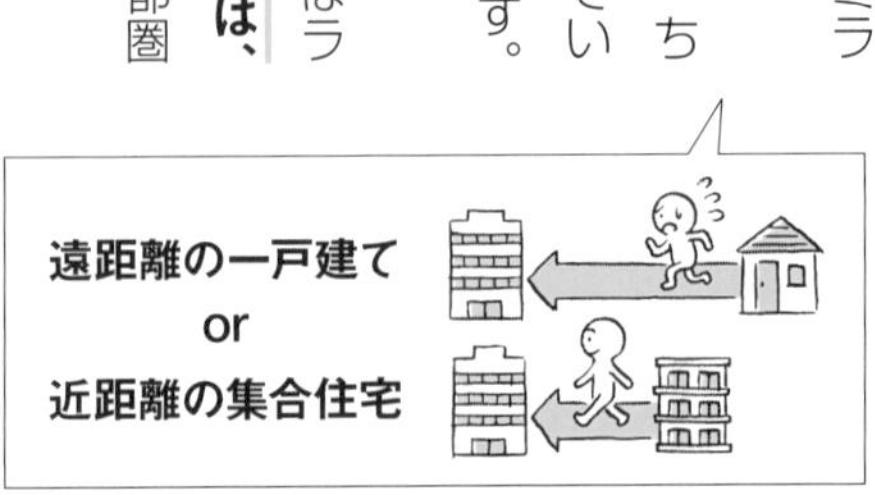

世代の異なる住民の合意は
ますます困難になる
空室

まとまらないって困っていました」

「そう、**東京などの大都市部の場合、空き家の多くがマンションというところもポイント**なんだ。住宅の耐用年数は、一般に50年ほどと言われていて、それはマンションも同じだ。築年数が古くなれば当然あちこち傷んでくるから、定期的な大規模修繕が欠かせない。外壁が剝がれてきたり、耐震基準に適合しなくなったりしたら建て替えだって検討しなければならなくなる」

「修繕や建て替えには住民の合意が必要なんですよね。世帯数の多いマンションは難しいんじゃないですか？」

「そのとおり。資産価値を考えれば、早めにメンテナンスすべきなんだけど、管理費や修繕費の滞納者がいるとお金が足りないという事態に発展してしまう。修繕積立金を値上げしようにも、住民の大半が高齢化しているところも少なくない。年金生活者の場合、修繕費の追加を求めても賛成してもらえないことも多いんだ」

「どうすればいいんでしょうか？」

「**購入時から管理組合やコミュニティをどれだけ機能させられるか**にかかっているね。もし修繕が進まず管理も行き届かないと、建物は劣化し、住民も減ってスラム化してしまう。大都市に幽霊屋敷のようなマンションがあふれることになりかねない」

「マンションの空き家が増えているのに、東京の一部地域などでは、今でも新しいタワーマンションがどんどん建っていますよね」

「タワーマンションは世帯数が多いうえに、上層階と下層階とで、所有目的や所有者の懐具合が異なるという特殊な事情もあるんだよ」

「ああ、〝タワマン格差〟って、聞いたことがあります」

「上層階には、投資目的の外国人も多く、利ザヤを得られるうちに売り抜けようという発想でメンテナンスへの関心が薄い人も珍しくない。一方、中層から下層階の人たちには、ローンを支払いながらずっと住み続けようと考えている人が少なくない。普通のマンションですら大規模修繕について住民の意見をまとめるのが難しいのに、所有

土地は預貯金や株式などに比べて有利な資産か

	そう思う	どちらともいえない	わからない	そうは思わない
1993年	61.8%	11.4%	5.6%	21.3%
2015年	30.1%	21.6%	7.0%	41.3%

国土交通省「土地問題に関する国民の意識調査」より

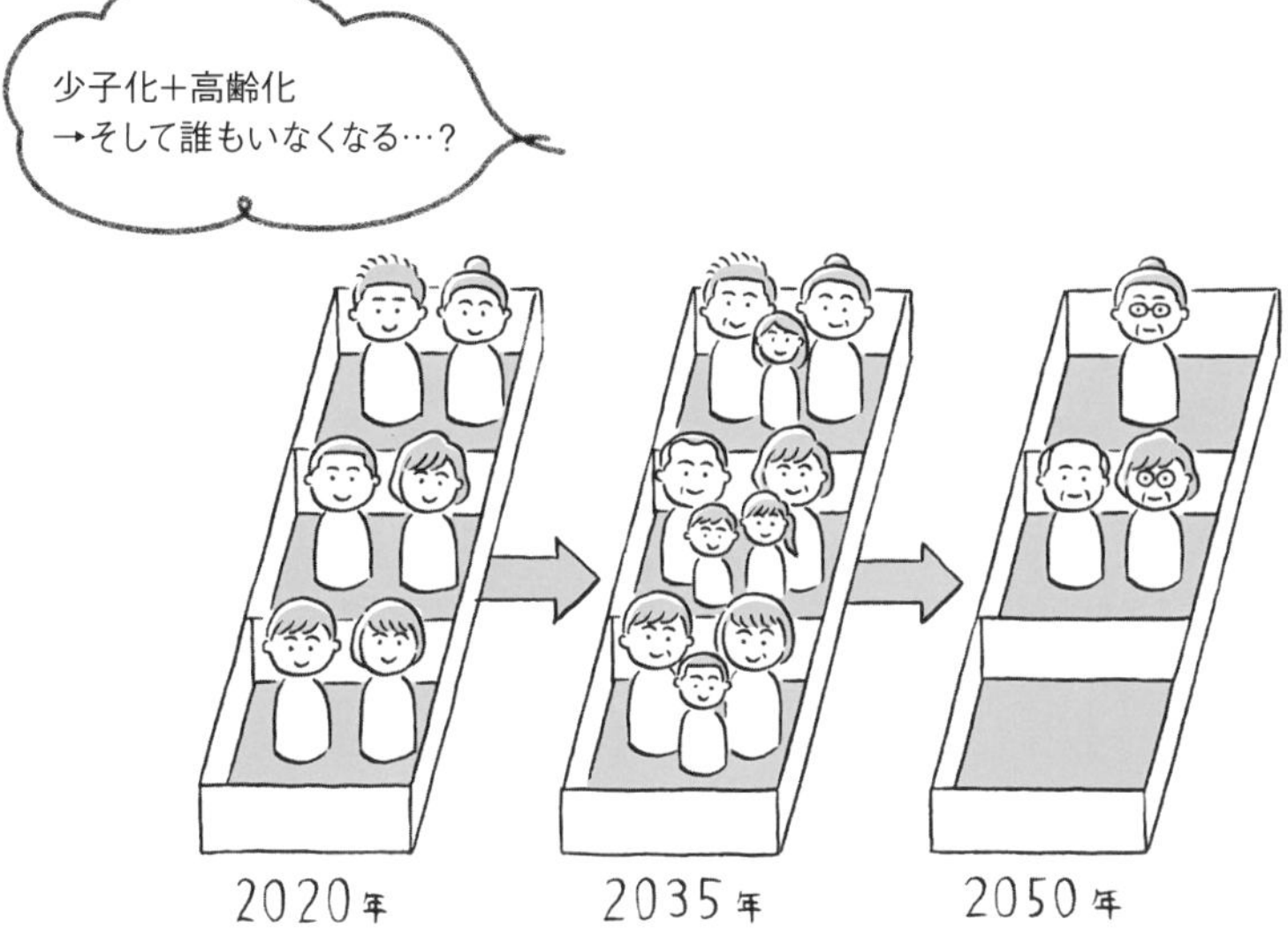
少子化＋高齢化
→そして誰もいなくなる…？
2020年
2035年
2050年

目的がバラバラで、しかも世帯数が比較にならないほど多いわけだから意見集約には気の遠くなるような労力を要するだろうね」

「うわぁ、大変だ！」

「**今でこそ憧れの的のタワーマンションだが、みんな年を重ねるわけだから、いずれ〝天空の老人ホーム〟になってしまう**ことも考えておかなければならない。タワマンのように高い建物は、地上の人々の動きを感じられない。こうした〝区切られた空間〟に高齢者が1人で暮らすとなると、どうしても引きこもりがちになる」

「……家を買うのが怖くなってきました」

「そもそも**マンションのような財産の区分所有は、少子高齢化の時代にマッチしないシステム**といえるよね。次世代の人口が少なくなるんだから、将来的に物件の流動性は今よりも低くなるだろう。かつてのように現有物件を売って買い替えようとしても、思うように売れないという事態が起きるのは目に見えている」

「住まいに対する考え方が、がらっと変わるんでしょうか。〝持ち家は財産〟という発想は過去のものに?」

「修繕を考えるならば、所有者が個々にすべてを決められる一戸建てのほうが無難だね。ただ、将来的には**不動産は所有するものではなくなる**かもしれない。ITや地方の高速交通網が発達してくれば、企業を都市に集中させなくともよくなるし、自分が住みたい場所、あるいは必要とされる場所、趣味と両立させられる場所など、どこでも仕事ができるようになる。リモートワークを経験した人が増え、「コロナ後」はこうした働き方が一挙に広がるんじゃないかな。しかも人口が減ってくると、**豊かに暮らすために必要なのは家を持つことじゃなくて、居心地のいいコミュニティや助け合いの仕組みがある場所に身をおくこと**になると思うよ」

「『家を買ってはじめて一人前』なんて言いますけど、そんなことないんですね」

新しい日本！「家は買うべきもの」「家は財産」という常識の終わり

[老朽化マンションは急増する！]

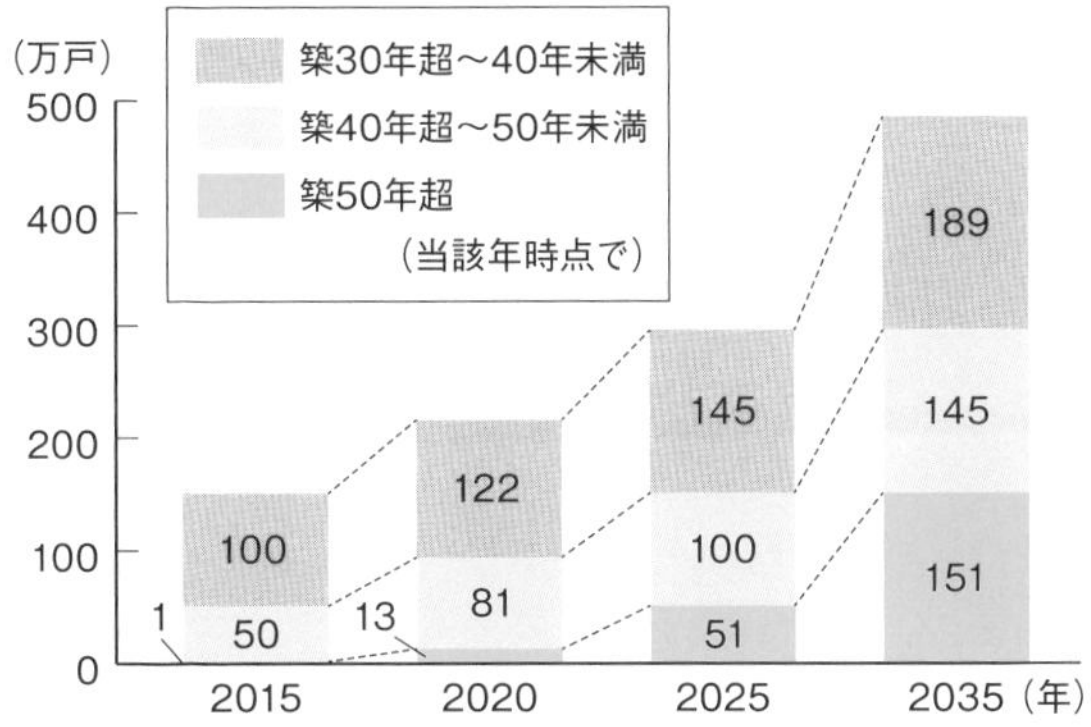

国土交通省「分譲マンションの現状と課題」より

POINT!

- □ 親から相続した家が売りたくても売れない
- □ 都市部のマンション空き家が増加。スラム化した幽霊屋敷が出現
- □ タワマンを買った世代が高齢になり、「天空の老人ホーム」に

↓

- **高額のローンを組んでまで買うべきか、立ち止まって考える**
- **住む場所を決めるときは、物件そのものよりも、組合などのコミュニティや町の世代構成をチェック**
- **1ヵ所に留まらずに移り住みながら働く選択肢も考えよう**

お金の未来

TOPIC 14

いまも昔も、実は同じ!?

年金だけでは生きていけない問題

「将来、75歳になるまで年金がもらえなくなるって本当なのかな」

老後の生活のベースになるのは、やっぱり公的年金。世代間で年金を比べて嘆いても意味がない！

「じつは僕、いちばん心配なのが自分の老後のことなんです」

「それは、いくらなんでも気が早すぎるんじゃない？　ご両親だってまだ老後という年齢でもないっていうのに」

「少し前に〝老後資金2000万円問題〟って話題になりましたよね。年金だけじゃ足りないから2000万円くらいの貯蓄が必要だっていう。コロナ不況が長引けば給料も減らされるかもしれないし、僕が高齢者になる頃には、年金はもっと減るか、最悪もらえないんじゃないかって、不安しかないんですけど」

「**年金は、公的な社会保障制度だからなくなることはない**んだよ。老後にお金がいくら必要かなんて、ミライ君がいま考えても仕方ないんじゃないかな。いや、もちろん若くても病気になるかもしれないし、貯金はしたほうがいいんだけどね」

「でも、**昔は60歳から年金を受け取れたのに、今は基本的に65歳。それを75歳にまで拡大することが決まった**ってニュースを見ました。ということは、もらえる金額も減るんじゃないですか？」

「年金の受給開始時期を75歳までの間で選べるようにしようということで『全員75歳』ということではないよ。ただ老後の生活費としては現状でも足りないということで、政府は資産運用などの〝自助〟で老後の生活費を貯めるように促しているんだけど、**自助って必ずしも貯金や運用のことだけじゃない**と思うんだ」

「お金を貯めること以外？　うーん、何だろう」

「自助とは本来、『自分でできることは自分でする』という意味だ。誰かに用事を依頼すれば費用もかかる。サービスを使わず自分でやればその分、家計支出を節約できることになるよね。老後の生活費を増やすことだけが手段じゃないだろう？」

「たしかに……」

「自助だけでなく、共助、すなわち**助け合いの仕組みを作ることも大切なんだ。『自助自立』が基本だからといって、人間というのは何でも1人でできるわけではない。ひとり暮らしの高齢者が孤立しないような方法、地域のコミュニティがうまく機能する方法などをみんなで考えていく**必要がある。年金を増やせとか、行政サービスをもっと充実させろというのは人口が減っている時代じゃ不可能だからね」

「たしかに、もうすでに少子高齢社会になっているんだから、年金が減るかもしれないってびくびくしても仕方ないのかも」

年金額は、ずっと一定じゃない!?

年金の給付水準は「マクロ経済スライド」により、その時代の人口や平均寿命に応じて自動的に調整される。将来、現役世代の負担が重くなりすぎないようにするための仕組み。

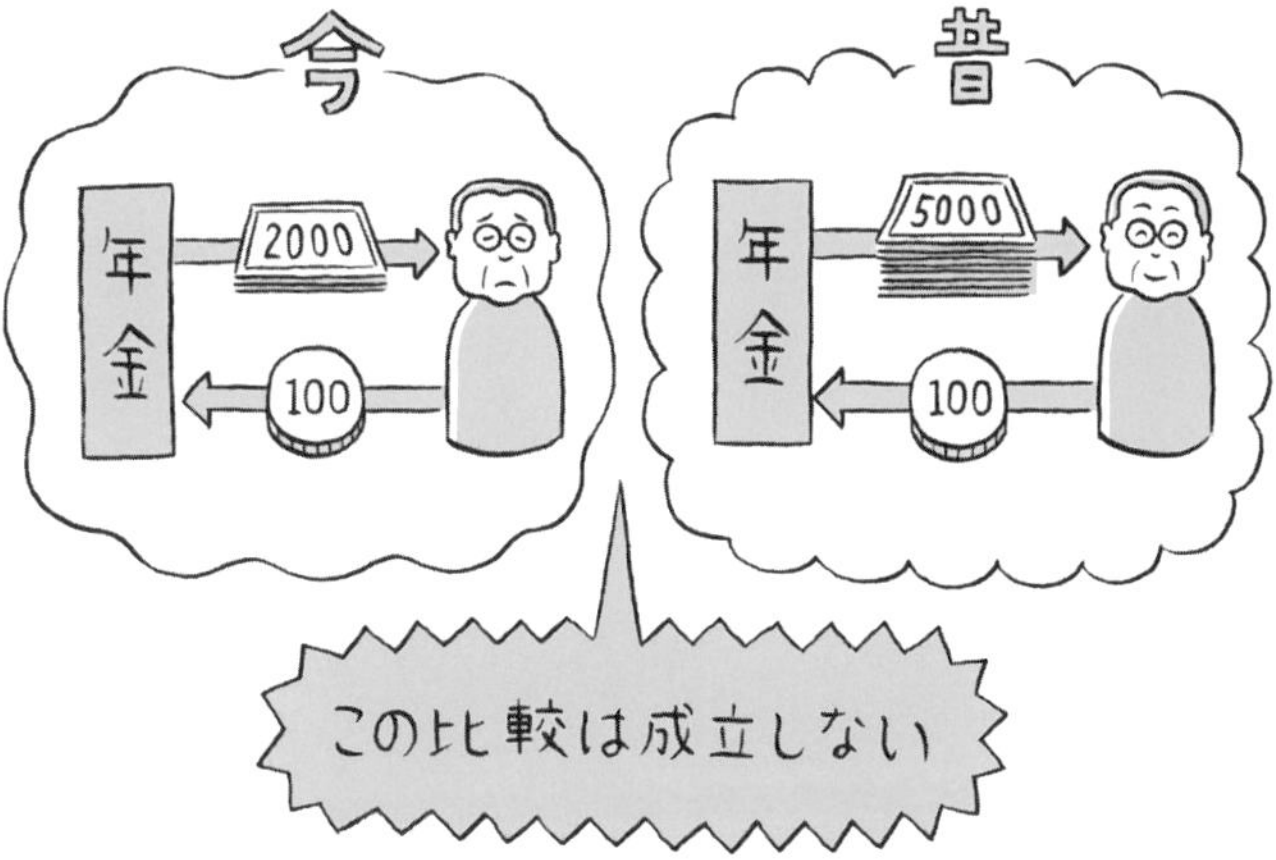

「ときどきメディアで**年金の世代間比較をしているけど、そういう煽るような情報に惑わされない**ように気をつけて」

「若い人は今の高齢者に比べてどれだけ損をするか、っていう話ですよね」

「そうだね。昨今語られている世代間格差は、『かつての高齢者は１００円の掛け金に対して５０００円もらえていたのに、これから高齢者になる人は２０００円しかもらえない。だからすごく損している』というような論調だね。でも、年金は税金も投入されているから、ケースにもよるが、一般的には納めた保険料総額よりも給付総額のほうが多くなる。その意味では、単純に損とは言えない。社会そのものの豊かさが昔とは違うのだから、この比較は成立しない。間違いなく言えるのは、年金は老後の生活を保障する制度ではないということだ。今の高齢者も、これから高齢者になる人も、年金だけでは老後生活を賄いきれない」

「え、僕らの祖父母の時代は年金だけで生活できていたんじゃないんですか？」

「おそらく違うよ。かつては平均寿命も短かったので現役時代に蓄えた預貯金で十分やっていけたということが大きい。三世代同居も珍しくなく、子どもが年老いた親の生活費を援助することも当たり前だった。**年金だけで暮らせないのはどの時代も同じなんだ**」

「じゃあ、やっぱり2000万……！」

「いやいや。どうして年金だけでは足りないのか？　と考えてみると、暮らしのコストのほうにも問題があるのかもしれない。年を取るにしたがって交際範囲は狭まり、大きな買い物をすることもなくなるものだ。老後期にたくさんのお金が必要になるのは大病をしたときだろうが、日本の公的医療制度は自己負担の上限が設けられている。低年金の人はともかく、毎月20万円くらいもらっている80代の人が『年金が足りなくて生活が苦しい』なんて不思議だよね。**お金をそんなに使わなくても豊かな生活ができるように、考え方、暮らし方を変える**ほうが近道だと思わないかい？」

退職金をもらえない人がますます増える？

退職給付制度（退職一時金制度・退職年金制度・両制度の併用）がない企業

1989年 **11.1%** → 2018年 **19.5%**

30年間で退職金なしの企業が増加。平均支給額も減少しているよ

[平成の30年間で、貯蓄ゼロ世帯が激増!]

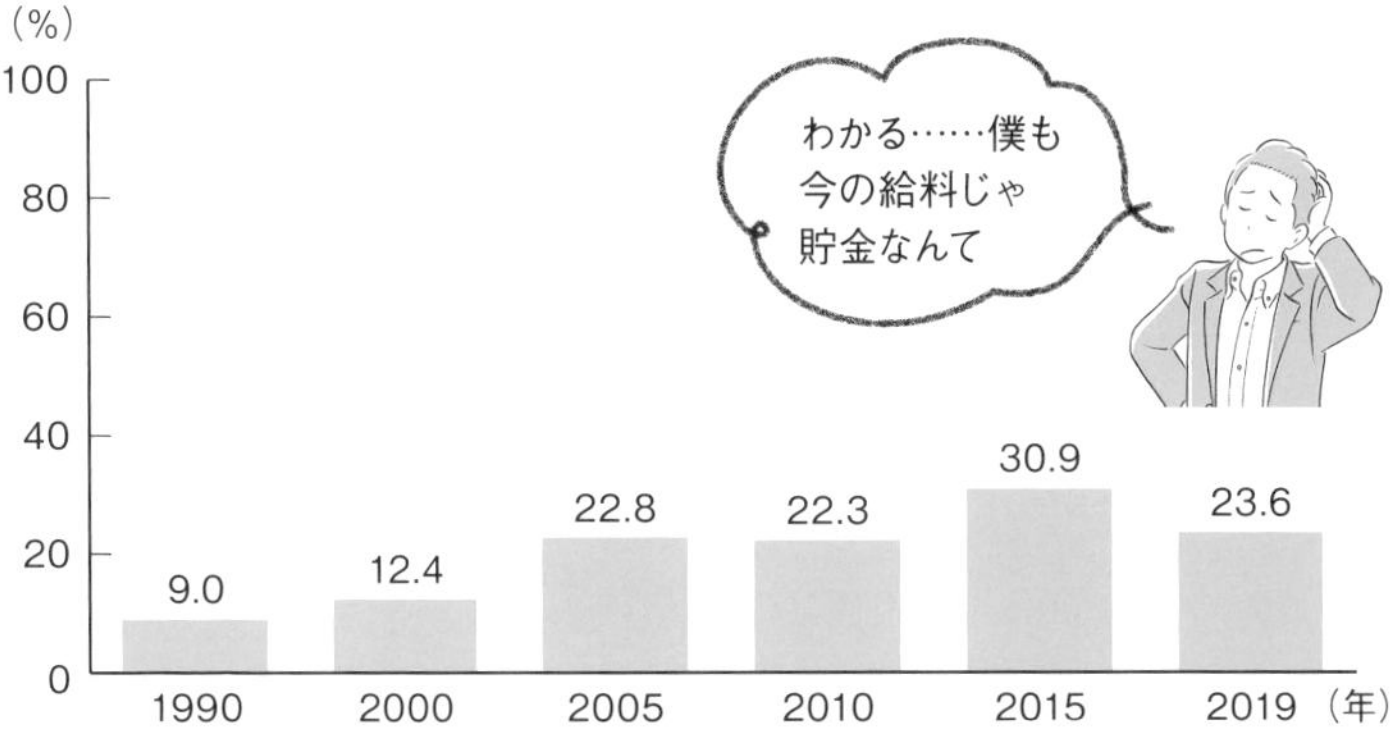

(注) ※2018年からアンケートの回答項目が変更された。
金融広報中央委員会「家計の金融行動に関する世論調査[2人以上世帯調査]」(2019年)より

「そうですね。月20万円で足りない人は、30万円でも不満かもしれない。お金をかけずに楽しく暮らすっていうのもひとつの〝自助〟ですね」

「本当に深刻な問題として考えなければならないのは、就職氷河期世代など雇用が不安定な人たちの老後だ。**年金保険料の未納期間が長いと、低年金または無年金になったり、貯蓄ができないまま老後を迎えたりということになる**。とくにミライ君よりひとまわりくらい上の団塊ジュニア世代以降の人たちの中には、大学卒業時に思うような就職ができず、40代半ば以降となった現在に至るまでずっと非正規雇用に追いやられてきた人が少なくないんだ」

「〝ロスジェネ〟っていわれている世代ですね」

「統計を見ると、２０１４年から２０１８年の5年間で、25〜34歳の非正規の人数は３０５万人から２６４万人と、41万人減っている。ところが、45〜54歳では３７６万人から４２５万人と、非正規の人が49万人も増加している。かつては、非正規雇用は再就職した既婚女性が主だったけれど、男性や未婚女性の割合も増えているよ」

「50歳前後って、親の介護もそろそろ始まる頃だし、お金が必要になってくるそんな年齢の人が非正規雇用って、大変じゃないですか」

「**『８０５０問題』（Ｐ92参照）もそうだね。高齢の親と同居して、親の年金収入に頼って生活している未婚者も多いんだ。**年老いた親と働いていない引きこもりの団塊ジュニアの世帯は現在6万といわれている。彼らが高齢になり、彼らを自分の年金で食べさせてきた親が亡くなった後にどうなるか。その対策を早く考えないといけない」

「……僕ももし15年はやく生まれていたら、たぶん就職できなかった気がします」

「ミライ君世代にとっても他人事ではないよ。**団塊ジュニア世代がすべて高齢者となる２０４２年には、高齢者数が３９３５万人を超えてピークを迎える**が、ちょうどその頃、就職氷河期世代も高齢者になってくるんだ。新たな税負担を含め、２０４０年代になると全国民で〝貧しき高齢者〟たちを支えざるを得なくなるだろう」

新しい日本

年金はなくならないが もらえる額も年数も変わる

[年金受給世代は増え続け、勤労世代は減り続ける]

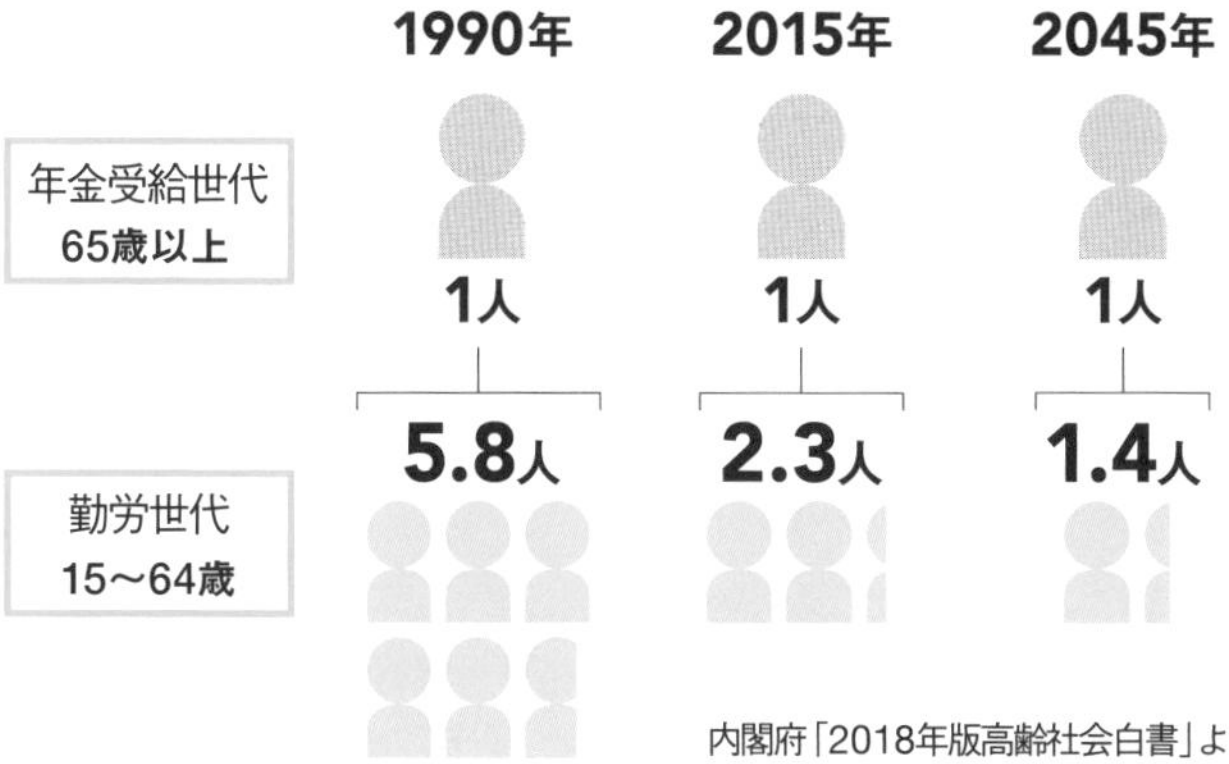

内閣府「2018年版高齢社会白書」より

POINT!

- □ 年金が減ることはあってもなくなることはない
- □ 団塊ジュニア世代を中心に、低年金、無年金の人が増えるおそれがある
- □ 貧困層を含む大人数の高齢者を、少人数の若者が支える社会に

↓

お金を貯めるだけではない対策を

① 地域などで助け合いの仕組みを作る

② お金をかけずに豊かに暮らす

お金の未来

TOPIC 15

いつの時代も万能だと思っていたのに！

お金があっても買えないもの

「出張でよく行く町の駅前がシャッター商店街に。
みんな買い物はどうしているのかな？」

買い物難民になるのは過疎地の人だけじゃない。町から店も、銀行も、病院もなくなっていく!?

「ミライ君、突然だけどクイズです」

「は、はい。どうぞ」

「2044年夏の日本。Aさんはオリンピックを見るために高級大型テレビを購入しましたが、結局、そのテレビでオリンピックを見ることはできませんでした。どうしてでしょう」

「……ちょっと考えてもいいですか?」

「あとで答えを聞くから、考えておいてね。さて、不動産、年金と、お金にまつわる話をしてきたけど、あらためて、お金というものについて考えてみよう。というのも、**これからはお金の価値が少し変わってくるかもしれない**んだ。今はみんな、お金をなんでも手に入れられる万能なものと思い込んでいるフシがあるけどね」

「まあ、お金を払えばたいていのものは買えるし、たくさんあれば好きなように生きていけるのかなとは思います」

「ところが、**たくさんのお金を持っていても、欲しいものが買えないということが起**

きている。「ミライ君も『買い物難民』という言葉を聞いたことがあるだろう?」

「家のまわりに商店がなくて、食料品などを買うのが大変な人のことですよね。自分で車を運転して買い物に行けないお年寄りとか」

「そのとおり。明確な定義はないようだけど、農林水産省が、自宅の500m圏内に生鮮食料品店がなく自動車を持っていない65歳以上の高齢者の数を調べたところ、2025年には約600万人にもなるんだ。経済産業省の調査では、日常の買い物に不便さを感じている60歳以上が、2014年の時点ですでに700万人いたと分かっている。都市部でも丘陵地の上に住んでいる高齢者などは、坂道の上り下りで苦労しているという話も聞くけれどね」

「これからさらに働き手が減って、店もさらに減るわけだから……」

「**買い物難民は増え続ける**だろう。店の側から考えてみると、商売をする以上、ある程度の顧客数がいる場所でしか店を続けられない。国土交通省が何万人の人口の都市にどんな業種が立地しているのかを調べて、その仕事がなりたつ人口規模を目安として数値化したんだ。たとえば飲食料品小売業は500人程度の自治体でもやっていけるのに対し、ハンバーガー店は約3万人の自治体でないと経営が成り立たないとしている。店だけじゃないよ。**住人が5000人を下回ると、一般の病院や銀行も撤退**

[各業種が存続できる人口規模は?]

飲食料品小売業 500人	フィットネスクラブ 4万2500人
ショッピングセンター 8万7500人	銀行 6500人
ハンバーガー店 2万7500人	一般病院 7500人
スターバックス コーヒー 17万5000人	救命救急センター施設 22万5000人

地域の人口がこれ以下になるとサービスの撤退が始まるよ

国土交通省「国土のグランドデザイン2050」より

を始めるとされている」

「買い物だけじゃなくて、何をするにも〝難民〟になっちゃいますね」

「この問題は、大都市圏をのぞく日本の大部分ですでに起きつつあることなんだ。内閣府の報告書によると2030年度には、日本の8割にあたる38道府県で、地域内の需要に対する供給力が足りなくなると予想されている。少子化はもちろん、多くの若者が都市に出ていき、勤労世代が極端に少なくなってしまうのも要因だ」

「日本のほとんどが不便な場所になるってことか。あ、でも、買い物難民になったとしても、お金があるなら週に1～2回くらいタクシーを使ってもいいいんじゃないですか？」

「どうだろう。商店の1軒もないような地域をそもそもタクシーが走っているかな？　バスなら運賃300円で買い物に行けていたのに、バス路線が廃止されたらタクシーで1000円以上かかる。それでもタクシーがたくさん走っていればお金で解決できるけれど、ドライバー不足でタクシーもなくなってしまったら？　もう、いくらお金を払おうとしてもサービスの担い手がいないのだから、そこではお金が万能じゃなくなるだろう。『お金をいくら持っていても、欲しいものが手に入らなくなる』と言ったのは、まさにこのこと。**未来の日本では、タクシーを呼びたくても呼べない、宅配を頼みたくても配達してくれる人がいないという事態があちこちで起きる**んだ」

「そうでした。宅配便のドライバーさんとか、人手不足はもう問題になっているんだから、タクシーだって同じですよね」

電車の待ち時間が長くなり、バス路線は縮小。都市部にも〝不便さ〟が襲いかかる

「交通手段でいうと、**バスや鉄道といった公共交通機関の縮小は止められない。**大都

医師不足→患者不足へ

現在は高齢者の増加に対して医師不足が問題になっているが、やがて人口が減ると患者数も減少。症例不足になり、医師の技術が向上しにくくなるという問題も起きる。

市だからって油断はできないよ。現に、**東京ですら郊外だけでなく中心部でも運行本数を削減しはじめた路線がある**」

「東京でも？　信じられないなあ」

「東京は高齢化が早く進むから、利用者が減少している路線、これから減少していくとみられる路線がいくつかあるんだ。すでに退職した高齢者は毎日電車に乗らないからね。それに、やはり運転手不足という要因もある。バス会社、航空会社などは採用難に悩んでいるんだ。ＪＲ四国は２０２０年３月のダイヤ改正で普通列車22本を取りやめたが、運転士が大量に退職期を迎えたことも大きな理由だ」

「電車の本数やバス路線が減って、航空券もなかなか予約できないような未来に……? 僕らは、あきらめて不自由な生活をするしかないのかな」

「あきらめることなんてないよ。ただ、今までと違う方法を考えなければいけないね。買い物に行くためのバスやタクシーがないのなら、みんなで知恵を出し合って地域内で『あらゆる移動手段』を組み合わせるMaaS《マース》(Mobility as a Service)の仕組みを作るとか、自動運転の車両を共同で購入するとか、なにか解決の道があるはずだ。もしそれがうまくいけば、バスやタクシーよりも使い勝手のいい移動手段になって、全国に同じような仕組みが広がる可能性だってある」

「そうか。**お金以外の解決方法も考えてみる**ことが大切なんですね」

「ところで、クイズの正解はわかった?」

「はい。Aさんはオリンピックの少し前にテレビを買ったけれど、配送してくれるドライバー不足でオリンピックが終わるまでに届かなかったからじゃないですか?」

「正解! どんなお金持ちでも物やサービスを届けてくれる人がいなければ、欲しいものを手に入れることができない。そんな〝お金が腐る時代〟がやってくるんだ」

新しい日本

「お金があれば」が成り立たない社会へ → サービスのあり方が変わる

[路線バスの廃止距離の推移]

	廃止距離
2008年度	1911km
2009年度	1856km
2010年度	1720km
2011年度	842km
2012年度	902km
2013年度	1143km

	廃止距離
2014年度	1590km
2015年度	1312km
2016年度	883km
2017年度	1090km
計	**1万3249km**

国土交通省自動車局の資料より

※高速バス・定期観光バスを除く。
代替・変更がない完全廃止のもの。

POINT!

- □ 店やサービスを存続できなくなる場所が増える
- □ 買い物難民がさらに増える
- □ 都市部でも公共交通機関が縮む

↓

地域での共助による交通手段の確保など新しい仕組みづくりが必要

サービスの未来

TOPIC 16

地震、台風、豪雨、そして感染症……

人口減少 → 災害が長期化？

「自然災害でもウイルスの感染症でも、
今後、救助や支援の人手は足りるのかな？」

若者が減り、災害弱者になりやすい高齢者は増える。人口減少が被害を大きくする一因に？

「じつは**災害も、人口減少と無関係じゃない**んだよ」

「いや、まさか！　自然災害はいつ、どこで起きるかわからないから怖いわけで、人口が減ったからって災害が起こりやすくなるはずないですよね？」

「2017年の九州北部豪雨で、流木の被害が大きかったことを覚えているかな。あれは、もともと水を含むと崩れやすい地層の上に人工林が造られていたことも原因の一つだったと言われている」

「どういうことですか」

「人工林は間伐をすることで適正な状態を保つことができる。ただ植えっぱなしでいると土壌も弱くなってしまうんだ。でも、林業に従事する人は2015年には1990年の半数以下に減ってしまった。人工林は日本の各地にあるから、それを手入れする人がいないとなると、今後も土砂崩れや倒木、流木による被害が心配だ」

「思うんですけど、ハザードマップとかで危険性が高いところには、なるべく人が住まないようにしたほうがいいんじゃないでしょうか」

「私もそう思うよ。しかし、国土交通省の資料によれば、リスクが高いエリアに、7割近い人が住んでいるんだ。住み慣れた土地を離れることは大変だろうけれど、これからは**減災の考え方がいっそう大切になる。空き家も増えてくるし、土地の利用の仕方というのを考え直さなければいけない。**たとえば、ひとり暮らしの高齢者が崖の下や山の上にぽつりぽつりと住んでいる場所で災害が起きたとき、迅速な救助ができるかどうか。最近はドローンで被災地の状況を知ることはできるようになったけれど、実際に人命救助をするには、どうしたってマンパワーが必要だからね」

「助ける側の若い人が減っていくんだから、なおさら大変だ」

「そうなんだ。警察や自衛隊などでは、すでに若い世代の減少に悩んでいる。災害が起きた後も、いままでの常識では考えられないことが起き始めている。台風被害で屋根瓦が飛んでしまった家が、直してもらうのに1～2年も待たなければいけない事態になっているんだ。それだけ被害が大きく、職人の数が足りないということだね」

「数ヵ月たっても生活が元どおりにならないなんてひどい話です。土砂を取り除くためのボランティアの人もなかなか集まらないってニュースで見ました」

「災害後のボランティアなんてまさに『人海戦術』だからね。高齢者などは片付けが長期化すると健康面に影響が出やすく、二次災害にもつながる。**人口が減るにつれ**

約70%の人が災害リスク地域に住んでいる

洪水、土砂崩れ、地震、津波のいずれかの災害リスクがある地域に住む人は約7割。この割合は将来（2050年）も同程度と予想されるが、高齢者数が多くなる分、災害弱者は現在より増える。

て、実際の被害以上にダメージが深刻化するおそれがあるんだ。災害弱者になりやすい高齢者が今後増えていくのに、行政サービスが行き届かないエリアが広がっていくというのが最大の課題になるだろうね。いずれは、**人が住む地域と住まない地域とに区分けをして、コンパクトな街づくりをすることが不可避**になると思うよ」

「緊急時にも困りそうですよね。急病のときに救急車を呼んでもなかなか来てくれない、火事なのに消防署が遠すぎる、泥棒が入って110番通報しても近くに警察官がいないとか……」

「そうそう。今後は行政がなんとかしてくれるという期待をせずに、もっと小さな地域や集合住宅内で防災・防犯の対策をせざるを得なくなるんじゃないかな。また、自然災害ではないが、高齢社会の脆弱《ぜいじゃく》さは感染症リスクにも関係するよ。一般的に高齢になるほど基礎疾患のある人は増える。新型コロナウイルスのような感染症は今後も流行するだろうけれど、**２０２０年代後半になると日本人の４人に１人が70歳以上になるから、そんな社会でアウトブレイク（疫病大流行）が起きたならば、重症患者は現在とは比較にならないほど増えるかもしれない**」

「〝感染弱者〟についても考えなければならないんですね」

「新型コロナウイルスでは、病院のキャパシティ以上に患者が増えてしまう〝医療崩壊〟が各国で見られたよね。これまで日本政府は、不必要な入院患者を減らすことで医療費を抑制しようと、むしろ病床を減らす政策を進めてきたんだ。感染症はいつ流行するか分からないけれど、事態が収束すると次の流行に備えておくという発想になりにくい。しかもそれ以前に、少子化の影響で医師をはじめ医療スタッフがどんどん減っていくという問題もある。高齢化とともに感染弱者が増える一方で、医療体制が現在より縮小した時代に、新型コロナウイルスのような感染症が突如として流行したとしたら……日本人が当たり前と思ってきた医療が根元から崩れかねないね」

新しい日本！

マンパワーが期待できない時代
→ 住まい方、暮らし方が問われる

人口減少社会こそ
コミュニティの情報共有が重要

POINT!

□ 人工林が放置され、土砂崩れ、倒木の危険が増す
□ 災害救助、復旧のためのあらゆる人手が不足する
□ 行政サービスが行き届かなくなる

↓

- **減災の考えを基本に、居住地域と非居住地域を区分けし、インフラの整った地域に集まって暮らす**
- **非常時の助け合いのため、コミュニティ内で最低限の情報を共有しておく**

サービスの未来

TOPIC 17

47都道府県を維持するのはもう無理!?

故郷がなくなるかもしれない

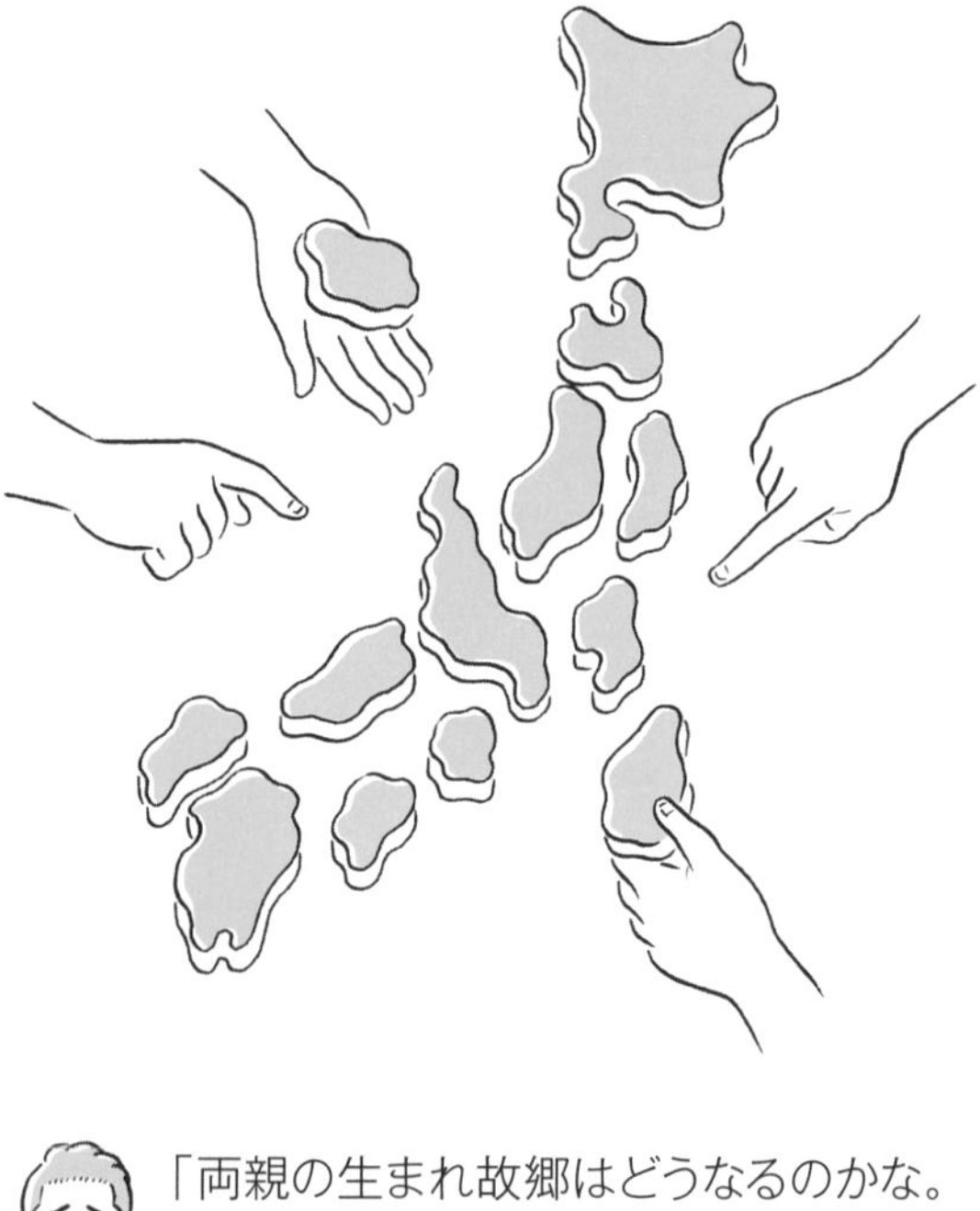

「両親の生まれ故郷はどうなるのかな。
思い出の田舎なのに……」

都道府県ごとのご当地自慢は過去のものに。未来の日本地図はどう変わる？

「僕が10代の頃、たしか平成の大合併があって、市区町村の数が減ったんですよね。令和の大合併ってあるんでしょうか？　人口が減っていくんだから、たくさんの自治体があるよりも、ある程度まとめたほうがよさそうな気がします」

「なかなか鋭い指摘だね。ただ単にまとめればいいってものじゃないけど、**これからは市区町村だけじゃなく、都道府県も再編することになる**かもしれない。人口の減り方を見るにつけ、47都道府県をこのまま維持していくのは難しいとわかるはずだよ」

「まさか、故郷の都道府県がなくなっちゃう可能性も？　自治体が合併するっていっても、そこまでとは思いませんでした。選挙、スポーツ、あと食文化とか、新型コロナの緊急事態宣言もそうだ、日本っていろいろな物事が都道府県ごとに色分けされていると思うんですけど、その枠組みが変わるなんてピンときません」

「高齢化や人口減少が進むスピードは地域によって異なるから、地域差がいまよりさらに大きくなるかもしれないんだ。日本列島の未来の姿はどうなっていくのか、社人研の推計をもとに、２０４５年までの地域を見ていこう」

減るのは住民だけじゃない！

税収↘　**職員数↘**

自治体の機能が弱くなっていく……

2045年の日本を予測！

人口減少日本における “なんでも1位”リスト

最も人口が少ない市 **歌志内市 813人**

出産期の女性の減り幅が最も大きい都道府県 **秋田県 62.4%減**

80歳以上の増加率が最も大きい自治体 **富谷市 約3.1倍増（対2015年比）**

65歳以上人口の割合1位 **群馬県南牧村 78.5%**

最も人口が多い都道府県 **東京都 1360.7万人**

人口増加率が最も大きい自治体 **東京都中央区 34.9%増**

最も人口が多い政令指定都市 **横浜市 344.6万人**

他にも
0〜4歳 12.1万人　65歳以上 119.1万人
80歳以上 45.6万人　90歳以上 15.4万人　で1位！

国立社会保障・人口問題研究所「日本の地域別将来推計人口」（2018年）より

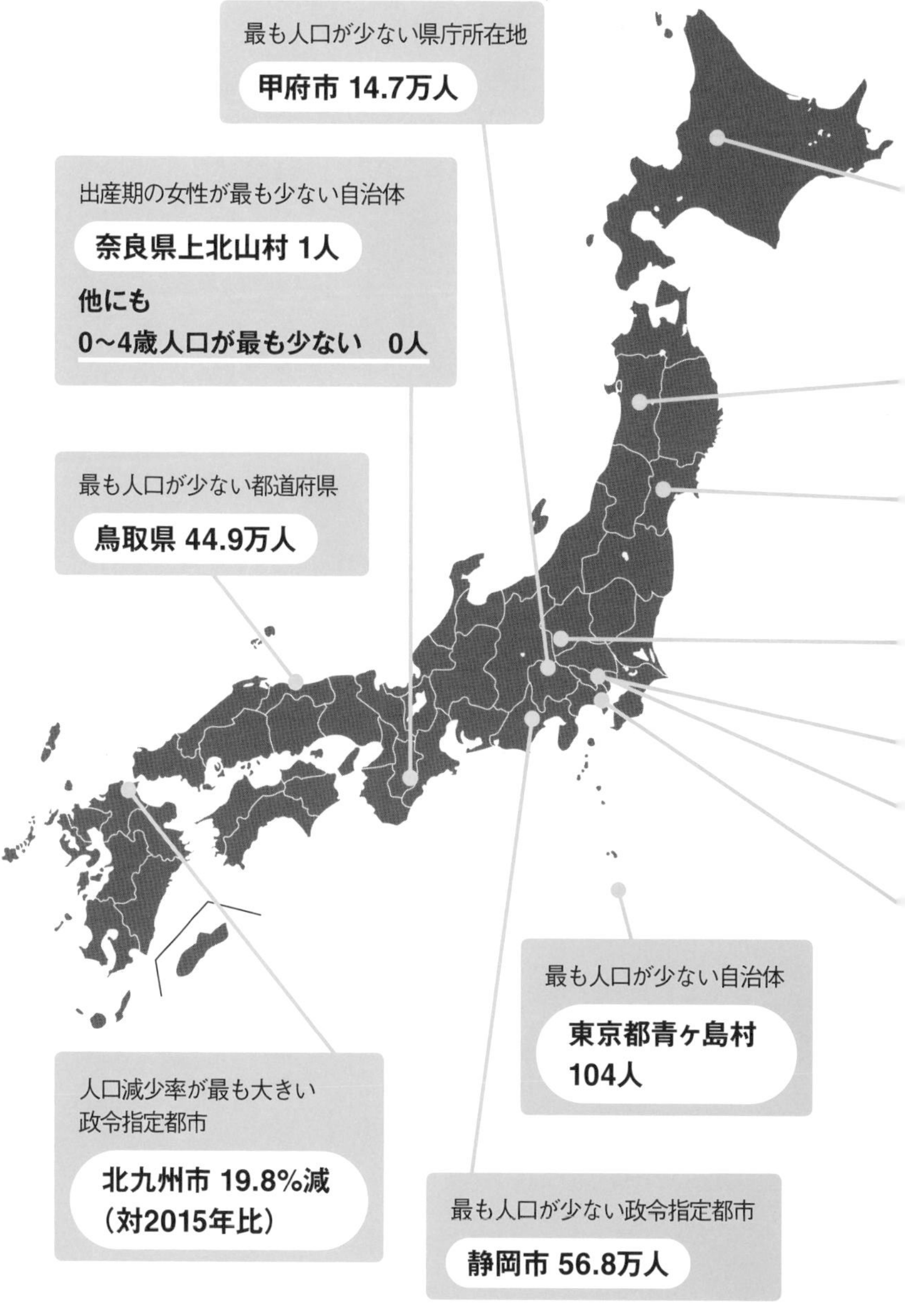
最も人口が少ない県庁所在地
甲府市 14.7万人
出産期の女性が最も少ない自治体
奈良県上北山村 1人
他にも
0～4歳人口が最も少ない　0人
最も人口が少ない都道府県
鳥取県 44.9万人
最も人口が少ない自治体
東京都青ヶ島村
104人
人口減少率が最も大きい
政令指定都市
北九州市 19.8%減
（対2015年比）
最も人口が少ない政令指定都市
静岡市 56.8万人

都道府県別

秋田県は30年間で41％の人口減

「まず近い未来、2025年までを見ても、**47都道府県のなかで人口が増えるのは東京都と沖縄県だけ。**それ以外では、もう人口減少が目立ち始めている状況だ」

「そこは、もう驚きません」

「2042年までは高齢者が増え続けるけれど、この年を境に65歳以上の人口も減り始めるから、日本全体の人口はこの頃になると毎年80万人ほど減っていくんだ。2045年の時点で、減少率がもっとも大きいのは秋田県。2015年と比べて41・2％も減る予想となっているんだよ。次いで青森県（37・0％減）、山形県と高知県（31・6％減）、福島県（31・3％減）、岩手県（30・9％減）と、3割以上激減する県は東北地方に多い」

「秋田県は人口が半分近く減っちゃうのか……」

「わずか30年でこれだけ人がいなくなり、しかも所得の少ない高齢者が多数を占めるのだから、**税収が大幅に減る自治体は、現状の水準の行政サービスを提供するのが難しくなる。**こんどは減少率ではなく実数に注目してみると、2045年に最も人口が少ないと予想されるのは、鳥取県で44万8529人。高知県も50万人を下回る。島根県、徳島県、山梨県も60万人未満となり、1つの都市規模の少なさになるんだ」

「なるほど、減少率が大きい県と人口が少ない県はまた別なんですね」

「これらの県と、1360万人を超える東京都を〝都道府県〟として同列の行政単位で扱うのは、だいぶ無理があるんじゃないだろうか」

東京圏 全国の高齢者のうち約3割が集中

「全国のなかで例外的に増えてきた東京都の人口も、2030年の1388万人をピークに減り始める。都内でも地域によって事情は変わり、多摩地区と足立区、葛飾区、江戸川区は人口減少の進みがはやい。これらに対して、千代田区、中央区、港区の都心3区は2045年までに30％以上も増えるんだ。正反対といってもいい状況だね」

「都心回帰の流れは続くってことですね」

「そう、**東京圏の人口減少と高齢化は、都心へのアクセスが不便な地域から進行していく**のが特徴だ。全国の65歳以上人口に占める東京圏の割合は、2045年に29・1％だから、その頃、日本の高齢者の3人に1人は東京圏に住んでいるということになる。人口が増える都心にだって、若い世代ばかりが集まるわけじゃないだろう」

「やっぱり東京も、おばあちゃんタウンになるのは間違いなさそう！」

政令指定都市

大阪、神戸、仙台も10%以上の減少率

「これから、日本のほとんどの大都市で人口が減少に転じ始める。周辺の地域から人が集まってきていた政令指定都市を例に見てみよう」

「道府県としては減っていても、大阪市や名古屋市のような都市は東京都心のように人口が増えるんじゃないですか？」

「結論をいうと、**2045年時点で、その30年前である2015年と比べて人口がプラスになると予測されるのは福岡市（7・5%増）、川崎市（5・1%増）、さいたま市（1・7%増）の3都市だけ**」

「あれ、大阪市や名古屋市も人口が減るのか」

「そうなんだ。大阪市は10・4%減って250万人都市ではなくなり、名古屋市は220万人を割り込む（5・3%減）。仙台市は92万人（14・7%減）にまで落ち込むと見られているよ。九州では福岡市が増える一方で、お隣の北九州市が19・8%も減ってしまう。郊外は人口減少が進み、中心部に人が集約されてくるというのは東京と同じで、多くの大都市圏に共通する傾向なんだ」

「いつかは大都市部でも減り始めるわけで、誰にとっても他人事じゃないですね」

「そこで、自治体の枠組みがこのままでいいのだろうか？　という疑問が湧く。**人口減少時代には、国をコンパクトに作り替えなければいけない**よね。そのなかで、既存の市区町村や都道府県という区分が不都合になる場面もあるだろう」

「わかりますけど、やっぱり出身地や愛着のある町がなくなるのは寂しいって思う人が多いんじゃないでしょうか」

「自治体が統廃合されたとしても、その町が消えてなくなるわけじゃない。地方創生というのは、必ずしも現在の市区町村のまま自治体を存続させることではないんだ。今の地方自治のあり方を根本から見直し、柔軟に変えていくことも必要なんじゃないかな」

「たしかに、欲しい物が売っているお店が隣町にあったら出掛けます。高校や大学だ

って電車やバスを乗り継いで通いますよね。実際に暮らす中で、自分の住む自治体のことをそれほど意識することはないなぁ……」

「もっと真剣に考えておかなければならないのは、人口が激減し、高齢化も進む自治体で地方議会選挙の立候補者が足りなくなっていることだよ」

「えっ！」

「地方議会選挙では立候補者数が議員定数に満たないケースは珍しくない。それどころか議員そのものが不足する事態が懸念され始めている。どこの議会でも、議会として成り立つための最低人数というのが定められているけれど、立候補者数がそれに満たないと議案の審議や採決ができなくなってしまう。それこそ自治体を維持できなくなってしまうよね」

「そんなことは考えもしませんでした」

「現在、年間出生数がゼロという『無子高齢化』の自治体があるが、２０４０年になると人口が6～7割も減り、高齢化率が8割近くになる自治体も登場する。議会が成り立たない自治体が現れるのもそんなに遠くない話かもしれないよ」

新しい日本

地方自治体の消滅が始まる → 都道府県の再編も

[2045年、人口100万人以下の都道府県は?]

	2015年	2045年
青森県	130.8万人 →	82.4万人
岩手県	128.0万人 →	88.5万人
秋田県	102.3万人 →	60.2万人
山形県	112.4万人 →	76.8万人
山梨県	83.5万人 →	59.9万人
富山県	106.6万人 →	81.7万人
石川県	115.4万人 →	94.8万人
福井県	78.7万人 →	61.4万人
奈良県	136.4万人 →	99.8万人
和歌山県	96.4万人 →	68.8万人

	2015年	2045年
鳥取県	57.3万人 →	44.9万人
島根県	69.4万人 →	52.9万人
徳島県	75.6万人 →	53.5万人
香川県	97.6万人 →	77.6万人
高知県	72.8万人 →	49.8万人
佐賀県	83.3万人 →	66.4万人
長崎県	137.7万人 →	98.2万人
大分県	116.6万人 →	89.7万人
宮崎県	110.4万人 →	82.5万人

国立社会保障・人口問題研究所「日本の地域別将来推計人口」(2018年)より

POINT!

- □ 25年後には人口が半減する県、50万人を下回る県も。現在の47都道府県は維持できなくなる
- □ 東京都の人口も2030年を境に減り始める
- □ 2045年には政令指定都市の多くが5%以上の人口減

↓

- **市区町村だけではなく、都道府県を再編する**
- **自治体の役割を見直す**

サービスの未来

TOPIC 18

若い世代の意見が反映されないという無力感

高齢者が増える→
民主主義が崩壊する？

「投票所が遠くて大変なんだよなぁ。
ネットで投票できないの？」

有権者の半数が高齢者になる選挙区も。
“シルバー民主主義”のままだと未来は……

「ミライ君やまわりの友達は、選挙のときに投票に行っているのかな?」

「僕は、行ったり行かなかったりですかね。ここ1～2年は忙しくて行けてないような。彼女や友人たちはどうだろう……あまり選挙の話なんてしないので、よくわかりません」

「じつはそこがちょっと心配なんだ。シルバー民主主義という言葉を知ってるかな。**若い世代の投票率が低く、高齢世代の投票率だけが高いことが問題**になっている」

「そういう話題は聞いたことありますが、シルバー民主主義っていうんですか!?」

「2017年の衆議院議員総選挙を見ても、70～74歳の投票率がもっとも高く74・13%なのに対し、もっとも低い20～24歳は30・69%だったんだ」

「それは……す、すごい差ですね」

「ミライ君が該当する25～29歳だと36・81%。投票した人が4割にも満たないという状況だ。選挙の洗礼を受けなければならない政治家は、自分に投票してくれる層のためになる政策に一生懸命にならざるを得ないところがあるからね。これから高齢者がさらに増えて、**有権者の半数近くが65歳以上という時代になると、若い世代のための政策がどんどん先送りされてしまう可能性がある**よ」

「それがシルバー民主主義なんですね。でも、高齢の人と僕らとで、政治家に求めることがそんなに違うのかな？」

「これがね、けっこう違うんだよ。見ている〝将来〟の長さがまったく違うんだから、当然といえば当然なんだがね。たとえば、高齢者は環境問題や子育て支援、教育などについてそれほど切実に受け止めない人も多い。それよりも自分自身に影響のある年金や医療に目が行きがちだ」

「え、いつか子どもがほしいと思ってる僕にしてみると、それは困るなあ……」

「そうだよね。しかし社会保障の予算を見ても、すでに高齢者向けの支出が圧倒的だ。若い人に『高齢者向けの政策ばかりだから選挙に行っても仕方ない。この国がだめになったら海外にでも行けばいいや』という諦めのような気分が広がるのも無理ない。その結果、ますます若い世代の投票率が下がるという悪循環になる。これは、日本の将来にとって重大な問題だよ」

「でも、**若い世代みんなが投票に行ったとしても、そもそも人数が少ないんだから票が足りなくないですか。**なんだか不公平……どうにかならないんでしょうか」

シルバー民主主義とは

少子高齢化が進行した結果、有権者人口に占める高齢者の割合が増加し、高齢者層の政治的影響力が高まること。若い世代の意見より高齢者世代の意見が通りやすくなる状況を言う。

「たしかに18歳から投票できるようになったとはいえ、その年齢の人口が少ないから焼け石に水だよね。ある意味、民主主義の限界と言えるかもしれない。ただ、解決策がないわけではない。**ドメイン投票法という方法がある。これは、まだ投票権を持たない子どもの親に、その子どもの人数分の投票権を与えるという考え方だ。**18歳未満の子どもが2人いる世帯なら、両親が自分たちの分と合わせて4票を入れられるという仕組みなんだ」

「へー。それなら子育て世代の意見が反映されやすくなるし、政治家も子どもの未来のための政策に取り組まざるを得なくなりそうですね」

「ドイツなどでこの投票法の導入が検討されたこともあるんだけど、実現にはいたっていない。改良しなければならない点もあるだろうが、少子高齢化のスピードがすさまじい日本でこそ、若者の声を吸い上げる仕組みづくりがもっと議論されていいと思うんだけどね。でもまず、ミライ君は必ず選挙に行くこと。それがいちばん大事だよ」

「はい、次からは絶対行きます！」

有権者も少ないけど、そもそも立会人がいない！ 投票所が遠のけば、投票率はさらに下がる

「民主主義のピンチは、シルバー民主主義の弊害だけではないよ。もっと根源的な問題として、**投票所が減ってきている**んだ。総務省によると、2000年には5万3434ヵ所あった投票所が、2019年には4万7044ヵ所にまで減っている」

「わかります。投票所ってなんでこんなに遠いんだろう？ 駅前とかもっと便利な場所にたくさんあればいいのにって思ってました」

「交通の便が悪い地方などでは、投票所が遠のくとますます選挙に行かなくなる人も増えるだろうね。自治体にしてみれば、**投票所を減らすことで経費を節減できるとい**

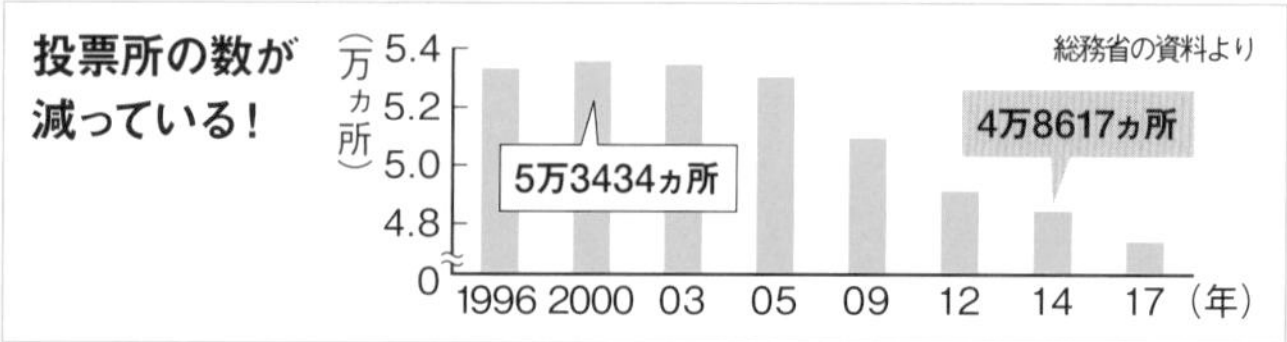

う面もあるようだが、若い世代が減って、投票立会人が確保できなくてやむを得ず統廃合しているところもあるようだ」

「選挙の立会人って、気にしたことなかったです」

「不正な投票がされないようにチェックする大切な役目だね。公職選挙法では2人以上5人以下を選ぶように求められていて、基準に達しなければ投票所が成り立たないんだ。そもそも若い人が少なくなってきているのに、拘束時間が長くてなり手が減少している。同じ人が何度も選任され、負担感が強まるようになるとさらになり手がいなくなってしまうことになりかねない。

そこで、本来20時までの投票時間を繰り上げて早めに終了する投票所も出てきたりしている」

「それは負担が大きそう。お年寄りに任せるわけにもいかないし、若い人が少なくなると選挙まで人手不足になるんですね」

「無料でバスやタクシーを使って高齢者を投票所まで送迎したり、ワゴン車に投票立会人を乗せて、高齢有権者が住む地域にまで出向く移動投票所もあるが、まだまだ少数派だからね。これからは、選挙のたびにこの問題が取り沙汰されることになるだろう。投票所を増やすことは無理そうだから、もっと根本的に選挙の方法を変えるしかない。だとしたら……?」

「ネット選挙がいいと思います。スマホやパソコンから投票できれば、投票所が遠くても、雨が降っていても関係ないし、懸案になっている若い人の投票率もきっと上がりますよ」

「ミライ君の言うとおり。セキュリティの問題やネットを使えない層はどうすればいいのかといった課題もあるけれど、人口減少と少子高齢化が急激に進んでいる日本こそ、国をあげて**ネット選挙を本気で検討すべき時期にきている**と思うね」

新しい日本

若い世代の政治離れ→シルバー民主主義化

[65歳以上の有権者の割合は?]

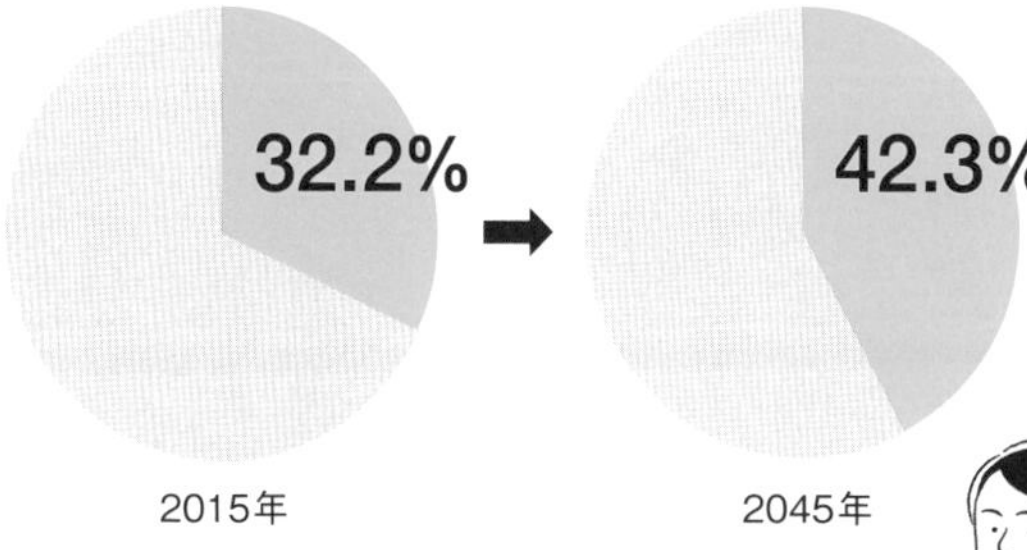

国立社会保障・人口問題研究所
「日本の将来推計人口」(2017年) より

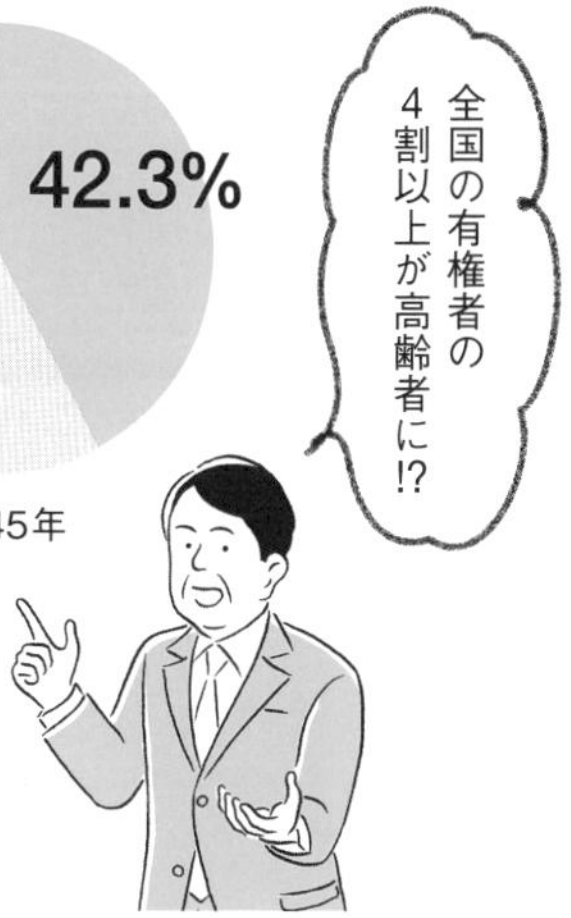

POINT!

- □ 有権者の半数近くを高齢者が占めることに
- □ 現在でも高齢者の投票率は高く、若年層の投票率は低いのに、高齢者がさらに増えることでシルバー民主主義が加速する
- □ 人手不足のために投票所の統廃合が進み、ますます足が遠のく

● ドメイン投票法で、世代間の不均衡を解消する
● ネット選挙の検討を急ぐべし

テクノロジーと社会の未来

ソサエティ5・0で人口減少問題を解決できるのか？

人口減少の解決策としてAIなどのテクノロジーの活用を挙げる人は少なくありません。これは果たして有効なものなのでしょうか。世界では日々テクノロジーの革新が起きています。これからも常に技術は進化していくでしょう。

とくに労働力人口が著しく減る日本では、ITテクノロジーを駆使する試みが不可欠であることは間違いありません。

たとえば、**「Society《ソサエティ》5・0」**という言葉を聞いたことがあると思います。これは、**仮想空間と現実空間を高度に融合させたシステムを活用して諸問題を解決していく社会**を指します。IoT（Internet of Things）で人と物とが繋がります。**サイバー空間を通じてあらゆる知識や情報を共有することができるので、住人が少ない地域などのニーズにも対応可能になり、新しい価値やイノベーションが生まれやすくなる**というもので、AIやビッグデータ、自動運転、ロボットの活用も含まれます。

思い出してみよう。日本の約3分の1は高齢者！

ですが、こうした未来の最新テクノロジーは、本当に使い勝手のいいものになり得るとは限りません。

高齢者が飛び抜けて多いという日本特有の問題を無視できません。すべての高齢者がこうした最新技術を使いこなせるようになるとは考えにくいですし、ましてや、2060年には高齢者の3分の1は認知症になると予測されているのです。

　これに対して、これからのIT技術は、かなり能動的に使いこなさなければなりません。これからのビジネスは高齢者を無視しては成り立たないことも考えると、政府が思い描くほどスムーズに超ハイテク社会を実現できるのか、疑問です。

選択肢を残しながら進歩する社会に

　おそらく日本社会は、いくつもの選択肢を残しながら進歩していくことになります。ネットで物を調達することはもっと便利になる一方で、対面でのカスタマーサービスもこれまで以上に重視されるでしょう。未来の日本社会の基盤を作っていく世代は、そういった**高齢者や情報弱者のための選択肢も残しながら技術を進化させていくというノウハウを構築**していく必要があります。

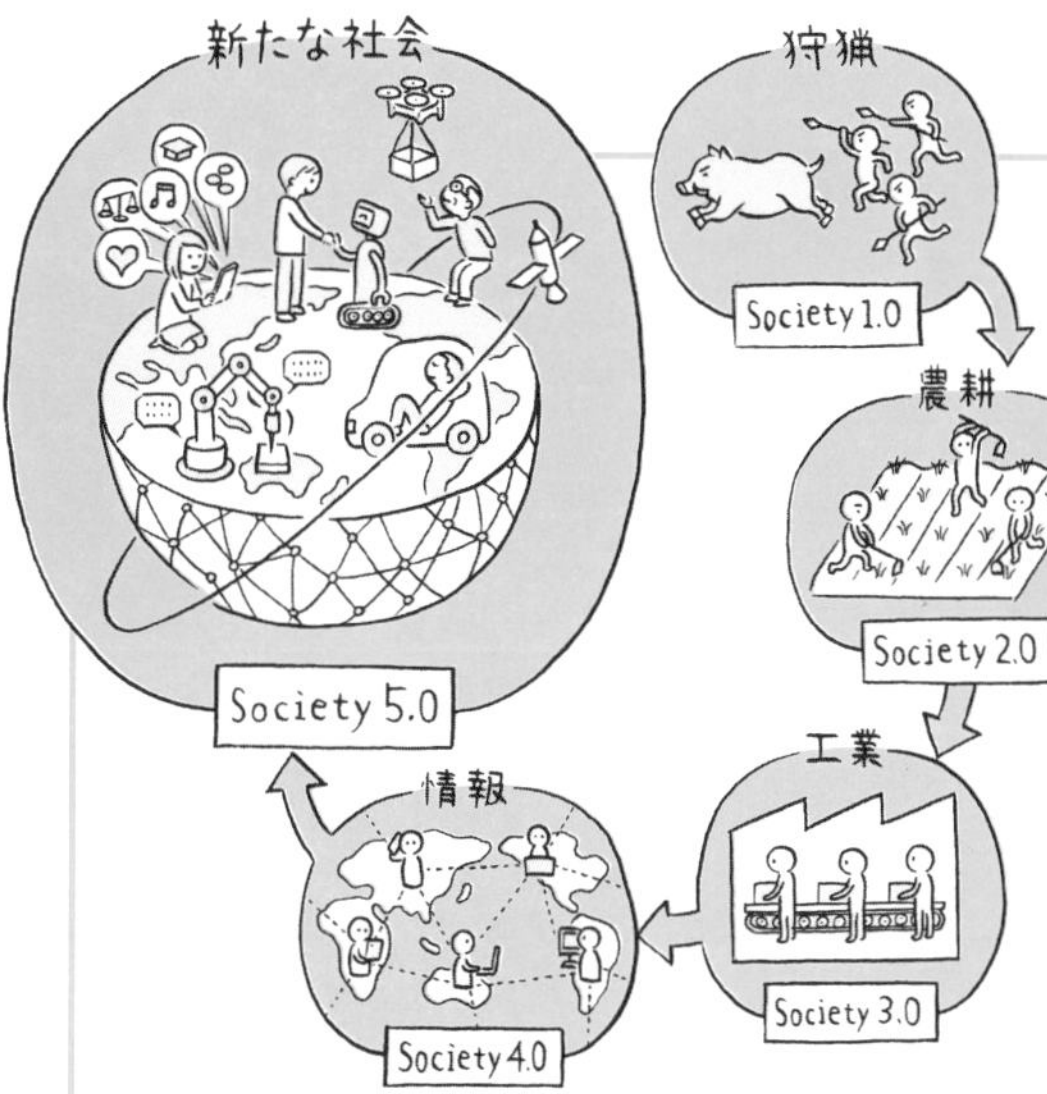

ソサエティ5.0とは

ソサエティ1.0（狩猟社会）から始まる人類の歩みを段階に分けて考えると、現在はソサエティ4.0（情報社会）。5.0は未来のスマート社会の姿。

＊内閣府のソサエティ5.0のイメージ図より

河合さん、
みんな知りたいのは
この先どうなるかです！

「コロナ後の日本は
どう変わりますか？」

コロナ不況で大ピンチ！　これから何がどう変わる？

「2020年、こんなに世界が変わってしまうなんて想像もしませんでした。新型コロナウイルスの影響で、大不況が長引くんじゃないかとすごく心配しています。僕の会社も大丈夫なのか……」

「経済の立て直しには時間がかかりそうだね。でも、悪いことばかり考えていても仕方がない。**この変化を、自分にとって有利な方向へ変えていく努力をした方がいい**んじゃないかな」

「たしかにそうです。初めてリモートワークを経験してみて、案外はかどるものだなと。会社に行かなくても、仕事はできると思いました」

「これを機に働き方は大きく変わりそうだね。これまで、リモートワークというとワークライフバランスへの効果ばかりが強調されてきたけれど、会社の側にとってもメリットはあるんだ。在宅勤務の社員が増えれば、高い賃料を払って都心に広いオフィスを構えなくてもすむし、通勤代だって総額で考えたらすごい節約になる。このままリモートワークを続ける会社も出てくるだろうね」

「満員電車に乗るのは仕方がないことだと思ってきたけど、在宅勤務も選べるようになったら画期的ですよね。でも、ずっと家で仕事をすることになったら、だらけてしまいそうな気もします」

「その反対だと思うよ。リモートワークって、成果がすぐに問われるからね。いい提案ができなかったり、仕事が遅かったりしても同僚が助けてくれるわけじゃない」

「それは困るなあ。僕なんか、いつも怒られそうです」

「いや、ピンチなのは中高年の上司のほうかもしれないよ。まだまだＩＴに弱い人が多いから。ＴＯＰＩＣ６でも話したが、**これからは年齢や性別に関係なく、結果を出した人が評価される時代になる。その傾向がますます加速して、年功序列は崩れていくだろう**」

「働き方が変わると、生活自体もがらっと変わりますよね」

「住まいに対する価値観も変わるかもしれないね。今は毎日通勤することを前提として、駅近や都心のマンションが人気だけれど、通勤する必要がないなら、職住接近でなくても構わないわけだよね。どこに住んでいても仕事ができるとなれば、都会に住む必要もなくなる」

人も消費も減る社会で、豊かに生きる。成功のカギは「戦略的に縮む」こと

「コロナ後って、元の生活には戻れないんでしょうか?」

「多くの人が『社会的な距離』を意識するようになり、人と人の接し方も大きく変質しそうだ。人を介して行ってきた役所の手続き、商談、契約などの多くはオンラインである程度済ませられるようになり、人が会うのは極めて重要な場面だけということになるかもね」

「もう戻れないのか……」

「ビジネスに関しても『世界経済はV字回復する』なんていう楽観的な見方もあるけれど、日本はすでに別の大きな問題も抱えている。ミライ君には、もう何かわかるよね?」

「あ、人口減少ですね!」

「そう。ここまで見てきた通り、人口が減るということは社会のあらゆる事柄に影響を及ぼすんだ。**日本の場合、コロナ後というのは人口減少が急速に進む時期と重なってくる。その影響を織り込まずにコロナ前への回復を目指しても決してうまくいかな**

いだろう。ここを間違うと、ミライ君が心配するように経済の低迷が長引くんじゃないかな」

「そうなったら本当に困ります」

「でも、見方を変えれば、〝転《てん》禍《か》為《い》福《ふく》〟という言葉があるように、コロナ禍は人口減少に対応する社会へと作り替えるチャンスになるかもしれないよ」

「え、どういうことですか?」

「**多くの企業が休業に追い込まれ、消費が激減してしまった状況は、人口減少によって国内マーケットが縮んだあとの日本の姿を想起させる**よね」

「そうか。人口が減った未来は、自粛時と同じくらい消費が少なくなっているかもしれないんだ。今は未来の予行演習をするときなのかも?」

「これまでの日本は、〝大量に作って大量に売る〟量的拡大モデルで豊かになってきたけれど、国内の消費が縮む以上、このモデルは破綻する。人口減少に適応したビジネスモデルに転換せざるを得ない。いつかやらなければならないのだから、このタイミングが好機ではないかと思うよ」

「そういう意味で、チャンスなんですね」

「**人口減少社会でも豊かさを維持するには『戦略的に縮む』ことが必要だ。**たとえば会社でも、社員数が少なくなっても個々の生産性が向上すれば、社員1人当たりの売り上げは大きくなる。ミライ君の給料だって増やせるよ」

「逆転の発想ですね。でも、生産性をあげるのって簡単じゃなさそう」

「仕事の効率性が求められるリモートワークの普及だって、生産性向上につながるはずだよ。また、社会が変化するときには必ずニーズが隠れている。だからこそ、人口減少社会の実態を正しく理解することが大切なんだ」

現実を知ってしまった僕たち。でも、ここからがスタート！

「コロナ禍が去ったとしても人口減少には対応しなくちゃいけない……やっぱり、現実は予想以上に大変だってことがわかりました」

「最初に話しただろう？　ただ暗い気持ちになるために現実を見るわけじゃない。ミライ君のような若い世代に、これからの道を切り拓くために避けては通れない問題を知ってほしかったんだ」

「まわりの友人は、『こんな日本なら、海外に移住したほうがマシなんじゃないか』って言ってました。僕もちょっと同感です」

「優秀な若い人たちがそう考えるのも無理はないと思うし、海外に目を向けるのはとてもいいことだ。でもね、**海外での競争は想像以上に熾烈だろう。どこに行っても、成功するためには相当なエネルギーが要るのであって、日本から逃げ出そうという程度の発想ではうまくいかない**よ」

「どこへ行っても逃げられないんですね」

「私の経験からして、マイナスの発想から何かを始めると往々にしてうまくいかない。逆に言えば、海外で成功できるくらいの人なら、これから激変する日本でも成功できるんじゃないかな」

「僕、やっていけるでしょうか？　やっぱり自信がありません」

「だいじょうぶ、ミライ君は人口減少社会で起きることを予習したんだから。この先、何が起きるのかを見通すことができれば、それぞれの分野で自分がやるべきテーマが分かってくるよ。何度も言っているように、どんなに少子高齢化が進んで人口が減っても、豊かに生きることはできる。新しい仲間をつくったり、ビジネスで成功したりするチャンスは、むしろ増えるはずだ」

マラソンのゴールが反対方向に？　社会のルールが変わる今こそチャンス！

「では、マラソンをイメージしてみよう。大勢が走っているレースで、今まで先頭集団にいたのは学歴が高い人だったり、お金持ちだったり。優位な条件の人が最初から優位なポジションにいるのが当たり前だと思われていた。ところが、レースの途中で『ゴールは逆ですよ』と言われたらどうだろう？」

「いままで先頭集団を走っていた人たちが、最後尾になっちゃう。そんなことってあるんですか？」

「あるいは、途中から『車に乗ってもいい』ということになるかも。つまり、これから人口減少によって起きる社会の変化は、そのくらいインパクトのあるものってことだよ。社会のルールががらりと変わると思っていたほうがいい。コロナ禍によって、私たちはすでに社会が大きく変化する瞬間を目の当たりにしたはずだよ。**過去の成功体験をモデルにして、それをなんとか維持しようと努力してみても意味がない**んだ」

「なるほど！　**新しいルールのレースなら、みんなに勝ち目がある**んですね」

「ただ、そもそもレースに参加していないというのは論外だ。それはわかるよね？
がむしゃらに走っていなければ、何があっても勝つことはできない」

「がむしゃらに走り続ける……」

「ミライ君たち若い世代には、新しいテクノロジーや社会のルールに対応できる柔軟な頭脳があるし、なんといっても、まだたっぷりと時間がある。これからは世の中が激変するんだから、一度や二度失敗したところでどうってこともない。何度でもやり直しができるんだから、まずは何事もトライしてみたほうがいいと思うよ。これも人口が減るメリットと言えるかもしれないね。私のように現役としての残りの時間があまり多くはない人間からすると、うらやましいかぎりだよ」

「本当ですか。無理して言ってませんか？」

「いや、願わくば、私も今20代でいたかったね。社会ががらりと変わる、ちょうどその時代に若者でいることは、とてつもないチャンスなんだよ」

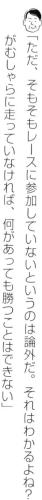

人口減少日本ですべき7つの方策

1 家族を含めたライフプランを描き、
老後までの長いスパンでイメージする

2 いつでも学び直しはできる。複数の
〝プチ資格〟で「役立つ人」となる

3 「人間にしかできないこと」を
知るためにAIなど最新知識を学ぶ

4 終身雇用の終焉に備え、
副業・兼業などで収入の柱を複数立てる

5 サービスがいきわたらない時代に備え、
自分でできることを増やす

6 リモートワークを活用し、
より効率的に仕事をする

7 不便さを楽しみ、手元にあるもので
代替する柔軟な発想を持つ

結びにかえて

日本の新しいカタチ

豊かさと幸せの
新しい価値観が
生まれる時代

"未来"という言葉の意味は
あなた次第で
書きかえられます

人口が減ることは、かなり前から分かっていたことです。一般の人はともかく、少なくとも専門家たちは、合計特殊出生率が「2」の大台を割り込んだ1975年時点で、ことの重大さに気づいていたはずです。

「当時の政治家や官僚は何をしていたのか」という思いを抱く人も多いことでしょう。確かに1975年時点で適切な少子化対策を講じていたら、現在の日本の風景は全く違ったものとなっていたことでしょう。

もちろん、いまさら過去を振り返っても仕方ありません。もはや人口が減り、少子高齢化が進むことを前提として日本社会を作り替えていくしかないのです。

それには膨大なエネルギーを要します。若い世代のコミット抜きには完成しないでしょう。どの時代においても〝守るもの〟が多くなった中高年というのは、頭では理解できていてもなかなか行動に移しません。気力や体力も追い付かないのです。

私は、日本史上において〝最大級の激変期〟を若者として迎えられる世代がうらやましくあります。コロナ禍からの社会建て直しという新しい課題が1つ加わりましたが、時代を正しく読み、努力の方向さえ間違わなければ、どんな荒波が来ようとも必ずや成功を手にするでしょう。

ただし、本書で何度も繰り返してきたように、これまでのやり方はもう通用しません。そして、少子化が続く以上、これからはいつも、「現時点の若者が最大人数」の社会となります。それは、この国では年を経るごとに画期的なイノベーションが起こりづらくなってしまうということでもあります。日本にはあまり時間がありません。人口減少時代に挑む若者の一刻も早い登場が待たれます。

中高年の皆様に1つだけお願いがあります。それは新たな時代を切り拓こうとする若者たちの邪魔をしないでいただきたいということです。古き成功の体験談、古き価値観の押し付けなど論外です。

日本がこのまま衰退していってしまうのか、「小さくとも豊かな国」として踏みとどまれるのかは、ここから10年ほどのうちにどれだけの人数の若者が大暴れするかにかかっているといっても過言ではありません。

若い世代が、ほんの少しの勇気を持ちさえすれば、日本の未来は少しずつではあるが、最終的には大きく書きかえられることでしょう。

最後となりましたが、本書は多くの出会いによって誕生しました。とりわけ企画段階から〝伴走者〟を務めていただいた講談社の山本忍さん、編集にご協力いただいた黒澤彩さんのお二人に深謝いたします。お二人の献身的な協力や激励なしに本書を世に送り出すことはできませんでした。また、親しみやすく、分かりやすいイラストを描いてくださったイラストレーターの白井匠さんにも御礼を申し上げます。そして、私を支え続けてくれている家族と、癒やしを与えてくれるペットの猫に、感謝を込めて本書を捧げます。

河合雅司（かわい・まさし）

作家・ジャーナリスト、人口減少対策総合研究所理事長。高知大学客員教授、大正大学客員教授、日本医師会総合政策研究機構客員研究員、産経新聞社客員論説委員、厚生労働省をはじめ政府の各有識者会議委員なども務める。1963年、名古屋市生まれ。中央大学卒業。2014年の「ファイザー医学記事賞」大賞ほか受賞多数。主な著書に『未来の年表』『未来の年表2』、『未来の地図帳』（いずれも講談社現代新書）、『日本の少子化　百年の迷走』（新潮選書）などがある。

取材　黒澤 彩
イラスト　白井 匠
装丁　後藤奈穂
本文デザイン　片柳綾子、原 由香里、田畑知香（DNPメディア・アート OSC）

「2020」後《ご》　新《あたら》しい日本《にほん》の話《はなし》をしよう

2020年5月28日　第1刷発行
2020年9月 9 日　第2刷発行

著者　河合雅司《かわいまさし》

発行者　渡瀬昌彦
発行所　株式会社 講談社
〒112-8001　東京都文京区音羽2-12-21
編集 03-5395-3447
販売 03-5395-3606
業務 03-5395-3615

印刷所　大日本印刷株式会社
製本所　大口製本印刷株式会社

ISBN978-4-06-519592-5